Kleine Wiesbadener Stadtgeschichte

Bernd Blisch

Kleine Wiesbadener Stadtgeschichte

Verlag Friedrich Pustet
Regensburg

Umschlagmotiv
Der Marktplatz von Wiesbaden mit dem Stadtschloss (rechts),
seit 1946 Sitz des Hessischen Landesparlaments. –
Kolorierte Lithografie von George Barnard, um 1845.
Heimatmuseum Flörsheim

Bibliografische Information der Deutschen Nationalbibliothek

Die Deutsche Nationalbibliothek verzeichnet diese Publikation
in der Deutschen Nationalbibliografie; detaillierte bibliografische
Angaben sind im Internet über http://dnb.d-nb.de abrufbar.

www.verlag-pustet.de

ISBN 978-3-7917-2327-3
© 2011 by Verlag Friedrich Pustet, Regensburg
Satz: Vollnhals Fotosatz, Neustadt a. d. Donau
Umschlaggestaltung: Kulturdesign Anna Braungart, Tübingen
Druck und Bindung: Friedrich Pustet, Regensburg
Printed in Germany 2011

Inhalt

Johannes Brahms – Die Ära Ibell (1883–1913) – *Wilhelm II. und Wiesbaden* – Ein neues Rathaus – Adolph von Nassau: Vom Herzog zum Großherzog – Der Bau einer Ringstraße – Nerotal und Neroberg – Theaterneubau und Kaiserfestspiele – *Von den Kaiserfestspielen zu den Maifestspielen* – Der „Balkon Europas" – Grandhotels im alten Quellenviertel – Ein neues Kurhaus

Vorwort

Als sich die Wiesbadener Bürger im Jahr 1610 ein neues Rathaus bauen ließen, gaben sie einem Straßburger Bildhauer den Auftrag für verschiedene Holztafeln, um dem Bauwerk einen repräsentativen Schmuck zu verleihen: Neben das Stadtwappen wurde so das Bild des Phönix gesetzt, Sinnbild des sich immer wieder im Flammentod verjüngenden legendären Vogels. Die Wiesbadener hatten um 1600 allen Grund, dieses Fabelwesen auszuwählen, war doch die Stadt wenige Jahre zuvor in verheerenden Stadtbränden mehrfach zerstört worden. Dennoch kann der Wappenvogel auch bis heute zum Sinnbild Wiesbadens und seiner Geschichte taugen. Immer wieder im Laufe ihrer 2000-jährigen Geschichte war die Stadt gezwungen, sich neu zu gründen oder neu zu definieren. So hat sie denn auf ihrem langen Weg von den Anfängen als römische Badestadt *Aquae mattiacorum* bis zur hessischen Landeshauptstadt zahlreiche Wandlungen vorgenommen, besser: vornehmen müssen.

Eine Konstante lässt sich jedoch feststellen: Solange es Wiesbaden gibt, spielt das Wasser, die heißen Quellen, die hier aus der Erde treten, die entscheidende Rolle. Sie gaben allem Anschein nach den Ausschlag, dass sich hier Menschen einst ansiedelten; sie waren der Grund, dass, bei allen Schwierigkeiten und Zerstörungen im Laufe der Jahrhunderte, die Stadt nie aufgegeben wurde. Im 19. Jahrhundert schließlich sorgten sie dafür, dass Wiesbaden jenen kometenhaften Aufstieg erlebte: von einer 2500 Einwohner umfassenden Stadt im Jahre 1800 zur Großstadt mit 100 000 Einwohnern kurz nach 1900. Die heißen Quellen waren es aber auch, durch die Wiesbaden zum „Weltkurort" avancierte und sich zu einer der wohlhabendsten Städte im Zweiten Kaiserreich entwickeln konnte.

Von beidem will dieses Buch erzählen: von den Wandlungen der Stadt im Laufe ihrer Geschichte und von ihrer Konstante, den heißen Quellen, die heute noch immer so sprudeln wie vor 2000 Jahren.

Der Monopteros auf dem Neroberg, beliebtes Ausflugsziel der Wiesbadener.

Ein Buch schreibt sich nie allein: Ich danke allen, die mir bei der Arbeit an dieser „Kleinen Wiesbadener Stadtgeschichte" geholfen haben. Ganz besonderer Dank geht an das Team des Wiesbadener Stadtmuseums und an das Stadtarchiv. Beide Institutionen waren mir bei der Bildauswahl behilflich und lieferten zahlreiche Anregungen und Informationen.

Von den Anfängen der Besiedelung bis zu den Römern

Woran denkt man, wenn man den Namen Wiesbaden hört? Möglicherweise an die Landeshauptstadt Hessens, ganz bestimmt aber an die Stadt der heißen Quellen. Noch immer entfaltet der Nimbus der „Weltkurstadt", der im 19. Jahrhundert als Werbung für die Stadt erfunden wurde, seine Wirkung. Als bemerkenswert daran wird der Historiker konstatieren, wie sehr die Stadt dieses Image bis zum Ausbruch des Ersten Weltkriegs zu pflegen und zu leben verstand.

Doch schon in grauer Vorzeit waren es offenbar die heißen Quellen, dass sich an deren Austritt – also dem Gebiet zwischen Taunushang und Rheinufer – Menschen anzusiedeln begannen. Den ältesten Hinweis für Siedlungen an den heißen Quellen Wiesbadens liefern Steinwerkzeuge, die bei Tiefenbohrungen an einer der Wiesbadener Quellen, nämlich der Adlerquelle, vor einigen Jahren entdeckt wurden. Innerhalb der Bachschotterschichten des pleistozänen Eiszeitalters (bis 10 000 Jahre v. Chr.) stießen die Arbeiter durch Zufall auf 60 von Menschenhand bearbeitete Artefakte, überraschenderweise aus ortsfremdem Gestein. Daneben fand man Zahnfragmente verschiedener Säugetiere wie Wildschwein, Pferd, Rind und Hirsch. Die Untersuchungen der Funde ergaben, dass damals bereits Wasser aus der Adlerquelle getreten sein musste, denn seit dieser Zeit wurde die Quelle von Menschen aufgesucht, das heißt, sie mussten in unmittelbarer Nähe leben. Sicher ist, dass das heiße Wasser den Menschen der Eiszeit günstige Lebensbedingungen bot: Einer Oase gleich dürfte das Gebiet um die warmen Quellen den Menschen der damaligen Zeit in der kalten Grassteppe ein besonderer Anziehungspunkt gewesen sein.

Wiesbadens heiße Quellen

Aus den Wiesbadener Thermalquellen sprudeln Tag für Tag zwei Millionen Liter heißes Mineralwasser; mit einer Quelltemperatur von rund 67⁰ C gehören sie somit zu den heißesten Quellen Europas überhaupt. Die Zahl jener Mineralquellen wird – allerdings nicht immer ganz einheitlich – gewöhnlich mit 27 angegeben, wobei es sich um 26 heiße Quellen handelt sowie eine kalte „Schwefelquelle", den so genannten Faulbrunnen. Die Wiesbadener Quellen gehören zu einer Gruppe von Mineralquellen, die am Südrand des Taunus entlang einer geologischen Verwerfung aus der Tiefe steigen. Aus dem Spaltensystem dieser Verwerfungszone treten übrigens auch die Quellen in den anderen Taunusbädern, wie z. B. Bad Soden, Bad Homburg, Bad Nauheim und Bad Weilbach. Der Geologe weiß zwischen Primär- und Sekundärquellen zu unterscheiden: Bei den Primär- oder Hauptquellen steigen die Wasser unmittelbar aus der Tiefe auf und zeichnen sich deshalb durch besonders hohe Schüttungen, hohe Mineralstoffgehalte und hohe Temperaturen von über 60⁰ C aus. Die Sekundär- oder Nebenquellen speisen sich hingegen vom Überlauf der Hauptquellen. So kennt Wiesbaden 7 Hauptquellen gegenüber 19 Nebenquellen. Aufgrund seiner starken Schüttung mit rund 300 Litern pro Minute zählt der Kochbrunnen wohl zu den bekanntesten Hauptquellen der Stadt; besonderes Kennzeichen ist ihr hoher Kochsalzgehalt, weshalb die Balneologen hier von Natriumchlorid-Thermen sprechen. Ein starker Eisen-Anteil verursacht zudem bei der Verbindung mit der Luft eine Trübung des Wassers. Es kommt zu Ausfällungen von Sinter, die sich nach und nach am Rand der Quellen ablagern, um dort mit der Zeit eine harte Kruste zu bilden.

Tatsächlich waren es aber wohl erst die Römer, die die Wiesbadener Quellen auch für Heilzwecke genutzt haben. Zwar hatten in dieser Gegend zuvor schon Bauern des Neolithikums (5000 v. Chr.), Hirten und Krieger der Bronzezeit (2000 v. Chr.), Menschen der Urnenfelder- (1000 v. Chr.) und Hallstadt-Kultur (500 v. Chr.) und schließlich Kelten (Latènezeit; 100 v. Chr.) gelebt. Gesicherte Kenntnisse, ob diese in den Tümpeln und Teichen der heißen Quellen gebadet haben, besitzen wir allerdings nicht.

Die Anfänge eines römischen Wiesbadens reichen bis in die Jahre zwischen 6 und 16 n. Chr. zurück, als die heißen Quellen während der Germanenkriege für die Genesung der in Mainz stationierten, durch die kräftezehrenden Feldzüge

So stellte man sich im 19. Jahrhundert die Römer in Wiesbaden vor. –
Mittlerweile zerstörtes Gemälde von Adalbert von Roeßler (1853–1922)
aus dem ehemaligen Ratssaal des Wiesbadener Rathauses.

gegen die Germanen erschöpften Soldaten des römischen
Heeres Anwendung fanden. Modern ausgedrückt: Wiesbaden
wurde zum „Wellnesszentrum" für die Mainzer Legionäre
ausgebaut.

Die Gründung einer zivilen Bürgergemeinde, des so genannten *vicus Aquae Mattiacorum*, erfolgte wohl gleichzeitig
mit der Errichtung des Verwaltungsbezirks einer *Civitas Mattiacorum* in der römischen Provinz Obergermanien um das
Jahr 100 n. Chr. Die erste schriftliche Erwähnung datiert aus
dem Jahr 122 n. Chr., denn in diesem Jahr war in Mainz-Kastel
ein Meilenstein mit der Entfernungsangabe *Ab Aquis Mattiacorum M(ilia) P(assum) VI* („von Aquae Mattiacorum 6000
Doppelschritte" = 9 km) gesetzt worden.

Das lateinische Wort „Aquae" im römischen Ortsnamen
entspricht übrigens unserer Bezeichnung „Bad" vor dem eigentlichen Städtenamen, der Begriff „Mattiacorum" verweist

hingegen auf die Mattiacer, jenem Teilstamm der Chatten, der ursprünglich in der Umgebung seiner Stammeshauptstadt Mattium beheimatet war. (Diese war nach neueren Erkenntnissen in der Nähe der oberhessischen Stadt Fritzlar gelegen.) Nachdem Germanicus im Jahre 15 n. Chr. Mattium erobert hatte, wurden die Bewohner in die Gegend des heuten Wiesbadens umgesiedelt, denn am rechten Rheinufer sollten die Mattiacer fortan als Föderaten (Verbündete) der Römer den Brückenkopf bei Mainz und das Gebiet der heißen Quellen gegen feindliche Überfälle schützen.

Um 40–50 n. Chr. wird in Wiesbaden allerdings auch ein Kastell für die Besatzungssoldaten gebaut. Neben dem Gebrauch der heißen Wässer steht somit von Anfang an die militärische Nutzung. Allerdings belegen Brandschichten im Boden, dass schon in den Unruhen, die auf den Tod Neros (69 n. Chr.) folgten, das Kastell in Flammen aufgegangen sein muss. Doch wurde während der Chatten-Kriege in den 80er-Jahren ein neues Kastell errichtet – diesmal in Stein.

Im Schutz besagten Kastells entstanden nun wohl auch die Thermenanlagen, die für die Verbreitung des Rufs von „Aquae Mattiacorum" sorgen sollten – obwohl das Kastell schon rund 50 Jahre später wieder aufgegeben wurde.

„Mattiakische Kugeln"

Für den Umgang der Römer mit den heißen Wiesbadener Quellen sind die Bemerkungen zweier antiker Schriftsteller von besonderer Bedeutung. Plinius der Ältere (um 23–79 n. Chr.) schreibt in seiner „Historia Naturalis": *In Germanien gibt es jenseits des Rheines die heißen mattiakischen Quellen; das aus ihnen geschöpfte Wasser bleibt drei Tage lang heiß. An den Rändern setzt es sogar Sinter ab.*

Plinius, der um 50 n. Chr. in Mainz stationiert war, dürfte diese Beobachtungen mit eigenen Augen gemacht haben. Das Wissen, dass das Wasser, in große Fässer gefüllt, noch lange heiß blieb, sollte übrigens auch noch Jahrhunderte später genutzt werden.

Vom speziellen Gebrauch des Sinters berichtet der römische Dichter Martial in zwei Epigrammen aus dem Jahr 85 bzw. 86 n. Chr.:

- *Chattischer Sinter macht teutonische Haare glänzender. Benutzt du ihn, wirst du den Glanz der Haare der Gefangenen noch übertreffen.*
- *Willst du die Farbe deiner altersgrauen Haare ändern, nimm mattiakische Kugeln – was soll dir ein Kahlkopf.*

Im ersten Epigramm rät Martial den römischen Frauen, es wie die „Teutonen" zu machen, die hier allgemein für Germanen stehen, und sich die Haare mit dem Wiesbadener Sinter hell zu färben. Für die dunkelhaarigen Römer galt das exotische helle Haar der Germanen wohl als besonders schön.

Das zweite Epigramm zielt auf die Eitelkeit der römischen Männerwelt. Bevor man graue Haare zeigte, ließ man sich lieber einen Kahlkopf scheren. Der Dichter empfahl jedoch als Alternative, sich lieber die Haare mit dem zu Kugeln geformten und nach Rom importierten Sinter zu färben.

Es war jeweils in der unmittelbaren Näher dreier Hauptquellen, der Schützenhof- und der Adlerquelle sowie des Kochbrunnens, wo im 19. und frühen 20. Jahrhundert Überreste römischer Badeeinrichtungen ergraben werden konnten. Alle drei Thermenanlagen waren bezeichnenderweise entlang einer *via maxima*, also einer römischen Hauptstraße gelegen, die als „Langgasse", nebenbei bemerkt, auch heute noch eine der zentralen Verkehrsachsen der Wiesbadener Innenstadt darstellt. Die größte der drei Thermen war freilich die in der Zeit Kaiser Domitians (81–96 n. Chr.) begonnene Anlage am heutigen Kranzplatz. In der ersten Hälfte des 2. Jahrhunderts hatte man den Bau durch große Badebecken erweitert, sollten sie doch wohl als öffentliches Heilbad dienen (vergleichbar den Thermen in Baden-Baden oder Badenweiler). Man dürfte kaum fehl gehen in der Einschätzung der Badeanlagen als das wirtschaftliche Rückgrat des zivilen *vicus Aquae Mattiacorum*.

In den rund 100 Jahren Friedenszeit, die der Ersterwähnung der *Civitas Mattiacorum* folgen, blüht – nun ohne Militär – das wirtschaftliche und religiöse Leben auf, was die zahlreichen Funde belegen, die seit dem 19. Jahrhundert immer wieder in der Stadt zu Tage gefördert werden. Sie geben ein beredtes Zeugnis von einer Zivilgemeinde, die den Vergleich mit anderen römischen Gründungen in Deutschland keinesfalls zu scheuen braucht. Zweifellos am besten lässt sich dies durch einen Weihestein belegen, da er zudem den kultischen Charakter der heilenden Quellen erkennen lässt. Er ist der Schutzgöttin der mattiakischen Quellen, der Diana Mattiaca, geweiht und wurde von der Ehefrau eines Legaten der (Mainzer) 22. Legion zum Dank für die Genesung ihrer Tochter gestiftet.

Als bedauerlich mag bis heute gelten, dass die Stadt Wiesbaden zwar eine der wertvollsten archäologischen Sammlungen Deutschlands ihr Eigen nennen kann, in der Stadt selbst aber für den Besucher kaum Orte lokalisierbar sind, an denen diese Objekte gefunden wurden. Als im Jahr 1903 beim Abriss zweier Badehäuser für den Neubau des Palasthotels am Kranzplatz die Überreste der dortigen Thermenanlage gefunden wurden, schlug Kaiser Wilhelm II., der die Ausgrabungen besuchte, zwar die permanente Freilegung der Anlage vor und entwickelte außerdem die Idee, das zukünftige Hotel auf Säu-

Kaiser Wilhelm II. besichtigt die Ausgrabungen der römischen Thermenanlagen am Kranzplatz, die im Jahr 1903 entdeckt wurden. Foto: J. Jakob.

len über den römischen Überresten zu erbauen. Mit Hinweis auf die zu hohen Kosten winkten die Investoren jedoch ab. Kaiser Wilhelm II. zeigte sich seinerseits ebenfalls nicht willens, das Baugrundstück käuflich zu erwerben, um dadurch seine Pläne umzusetzen, war er doch zu diesem Zeitpunkt zu stark in die Rekonstruktion der Saalburg involviert. Folglich wurden die Ausgrabungen einfach wieder zugeschüttet und schlummern noch heute unter den Häusern am Kranzplatz.

Kämpfe mit den Alamannen in der Mitte des 3. Jahrhunderts beenden die Friedenszeit und werden schließlich so bedrohlich, dass man von Rom aus die Räumung des rechten Rheinufers anordnet. Freilich ging aufgrund dieser Beschlüsse die Einwohnerzahl Wiesbadens stark zurück, doch sollte der Ort, wenn auch in bescheidenerem Maße, weiter existieren. Eine wirkliche Zäsur lässt sich für den Historiker nicht feststellen. Es wird deshalb nicht verwundern, dass die Stadt im 4. Jahrhundert, als man daranging, die Rheingrenze gegen die Alamannen zu befestigen, wieder eine gewisse Bedeutung erlangte. Merkwürdigerweise spielte dabei das Mainmündungsgebiet eine besondere Rolle: Wiesbaden wurde zum Mittelpunkt eines römischen besetzten Areals, das von Flörsheim im Osten bis Breckenheim im Norden reichte. Wahrscheinlich ist in diesem Zusammenhang auch der Bau jener Mauer einzuordnen, die bis heute den größten sichtbaren Überrest an die römische Epoche Wiesbadens darstellt, die so genannte „Heidenmauer"

„Geheimnis" Heidenmauer

Das größte und markanteste Bauwerk, das die Römer der Stadt hinterlassen haben und somit das älteste erhaltene Bauwerk der Stadt überhaupt, birgt noch immer ein großes Geheimnis. Das als „Heidenmauer" bezeichnete und heute noch ca. 80 m lange Bauwerk besteht aus Bruchsteinen und römischem Mörtel, ist an der Basis 2,3 m stark und zum Teil bis zu 10 m hoch. Es scheint um 370 n. Chr. unter Kaiser Valentinian errichtet worden zu sein. Die Mauer, die das alte Wiesbaden von nordöstlicher in südwestlicher Richtung durchschnitt, war im Mittelalter in die Wiesbadener Stadtbefestigung einbezogen worden. Das einzig davon verbliebene Teilstück kann auf einer Strecke von

520 m nachgewiesen werden. Die Tatsache, dass die Mauer an beiden Seiten abbricht, also möglicherweise nie zu Ende gebaut worden war, hat zu verschiedenen Deutungen geführt:

- Die Mauer könnte noch während des Baus aufgegeben worden sein, ohne jemals fertiggestellt zu werden.
- Die Abschnitte, die nicht von der Mauer geschützt wurden, waren durch Feuchtigkeit oder Hanglage für einen Angriff weniger geeignet und könnten nur durch einen Graben oder Palisaden geschützt worden sein.
- Handelte es sich vielleicht um gar keine Mauer zum Schutz vor Angreifern, sondern vielmehr um den Rest eines gewaltigen Aquädukts?

Für alle bisherigen Deutungen ließ sich aber kein überzeugender Nachweis erbringen. Daneben existieren weitere Theorien, die bisher jedoch nicht wissenschaftlich untersucht worden sind.

In direkter Nachbarschaft der Heidenmauer hat der Wiesbadener Kurverein ein „Römisches Freilichtmuseum" angelegt, das die bedeutendsten Funde der römischen Antike in Abgüssen präsentiert.

Mit dem Bau der Heidenmauer gaben die Römer wohl das nördlich gelegene Gebiet mit den großen Thermenanlagen und den heißen Quellen auf. Ob und wie das Wiesbadener Gebiet nach dem endgültigen Abzug der Römer von den Alamannen, die zunächst das südliche Taunusvorland an Rhein und Main in Besitz nahmen, genutzt wurde, ist leider immer noch zu wenig erforscht – ein organisiertes Staatsgebilde zumindest werden sie eher nicht aufgebaut haben. Nachdem die Alamannen Ende des 5. Jahrhunderts vom Frankenkönig Chlodwig besiegt worden waren, zogen sie nach und nach an den Oberrhein weiter. Freilich dürfen wir uns diese Wanderung nicht als einen geschlossenen Vorgang vorstellen; als sich nämlich Ende des 5. Jahrhunderts im Rhein-Main-Gebiet Franken anzusiedeln begannen, haben dort wahrscheinlich durchaus noch Teile einer alamannischen Bevölkerung gelebt, die mittlerweile wohl die Vorzüge eines romanisierten Lebens an Rhein und Main schätzen gelernt hatten. Besonders gut ist die fränkische Besiedlung im Wiesbadener Raum durch Grabfunde dokumentiert, die aus einem großen Reihengräberfriedhof westlich der ehemaligen römischen Siedlung stammen. Bis zum 8. Jahrhundert scheint sich der Siedlungsraum allerdings wieder in Richtung der untergegangenen römischen Siedlung verschoben zu haben. Ja, als wahrscheinlich darf gelten, dass die Franken in den Becken der Schützenhoftherme badeten. Die Anlage – sie hatte wohl auch schon den romanisierten Alamannen als Bademöglichkeit gedient – hatte freilich den typisch römischen Charakter längst eingebüßt. Das weitere Gebiet der heißen Quellen, d. h. der Bereich nördlich der Heidenmauer, lag jedoch weiterhin brach. Betont werden muss, dass viele die Zeit des 5. bis 8. Jahrhunderts betreffende Entwicklungen nur aus Grabungsfunden erschlossen werden können, da schriftliche Quellen und feste Daten fehlen.

Wiesbaden im Mittelalter

Nach Jahrhunderten ohne jede schriftliche Überlieferung taucht Wiesbaden erst zu Beginn des 9. Jahrhunderts wieder aus dem Dunkel der Geschichte auf – nun allerdings unter „neuem" Namen: Einhard, der Biograf Karls des Großen und Leiter von dessen Hofschule, erwähnt in einem Bericht über die Überführung der Reliquien der Heiligen Marzellinus und Petrus von Aachen nach Seligenstadt auch einen Aufenthalt in *Wisibada*.

Dieser 829 verfasste Bericht „Translatio et Miracula SS. Marcellini et Petri" darf zurecht als der früheste Beleg für den heutigen Namen der Stadt gelten. Doch ist sich die Forschung bisher uneins, ob bei der Namensgebung wohl ein „Bad in den Wiesen" oder nicht vielmehr ein „Heilendes Bad" (*wis/wisi* = althochdeutsch *wissen, weise, mit heilenden Kräften begabt*) gemeint war. Wie dem auch sei, es sind, wie in der Antike, wiederum die Bäder bzw. heißen Quellen, die als das besondere Kennzeichen des Ortes in dessen Namen aufgenommen werden.

Auch wenn wir, was den Flecken Wiesbaden betrifft, über das 9. bis 11. Jahrhundert nur spärliche Informationen haben, so lassen Ausgrabungen und Funde doch einige Rückschlüsse über die Ansiedlung zu. Neben dem bedeutenden Bischofs- und späteren Erzbischofssitz Mainz in unmittelbarer Nachbarschaft und der sich zu einem zentralen Handelsort entwickelnden wichtigen Königspfalz Frankfurt war es für die übrigen Orte des Rhein-Main-Raumes schwierig, eigenes Profil zu entwickeln bzw. die Position einer wie auch immer gearteten „Metropole" einzunehmen. Immerhin scheint Wiesbaden bereits im 9. Jahrhundert sowohl von den karolingischen Herrschern als auch dem nachfolgenden Geschlecht der Ottonen zum Verwaltungszentrum des so genannten „Königssondergaus" ausgewählt worden zu sein, also einem dem Königtum direkt unterstellten Herrschaftsbereich, dessen Einkünfte zur Finanzierung des königlichen Hofstaats dienten. Bei Grabungen im Bereich des heutigen Stadtschlosses konnten die Überreste einer aus ottonischer Zeit stammenden Turmburg gefunden werden, in der der jeweilige Gaugraf residiert haben dürfte.

Wie eng die Beziehung der Sachsenkaiser zu Wiesbaden war, wird auch an der Geschichte der 1850 durch Feuer zerstörten Wiesbadener Kirche deutlich. Kaiser Otto der Große (936–973) besuchte die Stadt im Jahr 965, was zwei in Wiesbaden ausgestellte Urkunden belegen. Grund des Besuchs war wohl die Neu-Weihe der Wiesbadener Mauritiuskirche; denn Kaiser Otto sah im heiligen Mauritius seinen persönlichen Schutzpatron, dem er in seiner Lieblingsresidenz Magdeburg bereits 937 ein Kloster geweiht hatte und es sich angelegen sein ließ, dessen Kult im gesamten Reich zu fördern.

Die Grafen von Nassau

In dem Maße, wie sich die Königsmacht vom Rhein- und Main-Gebiet in andere Regionen des Reiches verlagerte, wurde Wiesbaden, des königlichen Schutzes beraubt, zum Spielball rivalisierender Adelshäuser, etwa der Herren von Eppstein und den Grafen von Nassau, aber auch weiterhin der Erzbischöfe von Mainz. Dieser „Drei-Fronten-Krieg" der königsnahen Stadt entwickelte sich schließlich zu einem „Zwei-Fronten-Krieg", als im 13. Jahrhundert fast ausnahmslos das Haus Eppstein die Erzbischöfe von Mainz stellte. So wurden die reichsstädtischen Entwicklungen, die sich für Wiesbaden um 1240 erkennen lassen, durch eine mainzisch-eppsteinische Allianz im Keim erstickt, als deren Truppen die Stadt 1242 eroberten und niederbrannten. Interessanterweise waren es aber weder Mainz noch Eppstein, die von dieser Entwicklung tatsächlich profitierten konnten, sondern die Grafen von Nassau, die bereits 1214 die Reichsvogtei Wiesbaden und den Königssondergau als Reichslehen erhalten hatten. Urkundlich belegt ist, dass Graf Adolf von Nassau im Jahr 1280 einem Kloster im Rheingau für seine Wiesbadener Besitzungen Abgabenfreiheit verlieh. Ein derartiger Rechtsvorgang darf allgemein als Ausweis für eine Ausübung landesherrschaftlicher Rechte gelten. Im Einklang damit steht, dass der 1292 gerade zum Römischen König gewählte Adolf Wiesbaden denn auch als „seine" Stadt bezeichnete.

König Adolf von Nassau

Nur einmal im Laufe seiner Geschichte gelang es dem Haus Nassau, ein Mitglied seiner Familie auf dem deutschen Königsthron zu sehen: Adolf von Nassau, den die Kurfürsten des Reiches im Frühjahr 1292 zum Nachfolger König Rudolfs wählten. Der um 1250 geborene Graf mit seinen Besitzungen um Wiesbaden, Idstein und Weilburg galt den mächtigen Fürsten im Reich als politisch schwach und einflusslos – und somit als geeigneter Prätendent, war doch der neue König gezwungen, seinen Wählern zahlreiche Privilegien zuzusichern. Ein starker Gegner erwuchs Adolf freilich in Albrecht von Habsburg, dem Sohn König Rudolfs, der sich ebenfalls um den Königsthron beworben hatte.

Eine geschickte Territorialpolitik im Reich konnte König Adolf allerdings in den ersten Jahren seines Königtums zur Stärkung seiner Position nutzen, brachte ihn damit aber andererseits in Gegensatz zu seinen bisherigen Unterstützern, die ja gerade einen „schwachen" König gewählt hatten. Im Frühjahr 1297 traf sich deshalb eine Fürstenopposition um Herzog Albrecht von Habsburg, um über den Sturz Adolfs zu beraten. Im Juli 1298 kam es schließlich zur Schlacht bei Göllheim, in der Adolfs Truppen geschlagen wurden, der König selbst sogar sein Leben verlor.

Ein halbes Jahr vor seinem Tod hatten König Adolf und seine Frau, Königin Imagina, bei Wiesbaden ein Kloster gegründet, das als nassauisches Hauskloster der Versorgung weiblicher Mitglieder des Grafenhauses und befreundeter Familien dienen, vor allem aber Grablege des Geschlechts werden sollte. Bis zur Aufhebung in der Folge der Reformation konnte Kloster Klarenthal denn auch diese Rolle übernehmen. Seine letzte Ruhestätte fand König Adolf jedoch in der Kaisergruft des Domes zu Speyer. (Angemerkt sei, dass ein später Nachfahr, Herzog Wilhelm zu Nassau, in der Vorhalle jenes Domes im frühen 19. Jahrhundert seinem „königlichen" Ahn ein großes Denkmal setzen ließ.)

Thronsiegel König Adolfs von Nassau von 1298.

Die erste Nachricht über das Wiesbadener Badeleben in der nachantiken Zeit fällt in die erste Hälfte des 13. Jahrhunderts. Denn im Zusammenhang mit dem Kanonisierungsprozess der Elisabeth von Thüringen sind auch Wunderberichte aus Wiesbaden überliefert: In einem wird davon berichtet, ein Badegast sei im Badebecken plötzlich untergegangen und einige Zeit später wie tot aus dem Wasser gezogen worden, doch nach „Anrufung der Heiligen" wieder zu Leben gekommen. Unabhängig davon, ob man der Wiederbelebung mit Hilfe der heiligen Elisabeth Glauben schenken will oder nicht, sind für das Wiesbadener Badeleben einige Einzelheiten dennoch von Bedeutung: Man badete also nicht in Einzelkabinen, sondern gemeinsam in großen Becken. Bei diesen Becken befanden sich demnach Badehäuser, in denen man sich ausruhen konnte. Das Wasser war offenbar so trübe, dass, wenn, wie in der Geschichte, ein Badegast unterging, man demnach eine Weile nach ihm zu suchen hatte.

Das 14. Jahrhundert stand für Wiesbaden vor allem im Zeichen eines zunehmenden Ausbaus der städtischen Einrichtungen. Es wird ein Stadtsiegel verwandt, das den nassauischen Löwenschild trägt, und ein Privileg Kaiser Ludwigs des Bayern erlaubt die Prägung eigener Münzen. Um 1350 erfolgt außerdem die Errichtung eines Hospitals in der Nähe des heutigen Kochbrunnens, somit des Vorläufers aller städtischen Krankenanstalten in der Stadt. Eine formelle Verleihung von

Stadtrechten lässt sich in Wiesbaden allerdings nicht nachweisen – wohl aber für den heutigen Stadtteil Sonnenberg, für den im 14. Jahrhundert eine kleine Sonderherrschaft bestand, der die Verleihung der Stadtrechte durch Karl IV. im Jahr 1351 beurkundet wurde. Bezüglich Wiesbadens ist eine besondere Förderung erst gegen Ende des 14. Jahrhunderts auszumachen. Das früheste überlieferte Stadtprivileg ist der im Jahr 1393 ausgestellte Freiheitsbrief des Grafen Walram IV. zu Nassau, worin die Verteidigung der Stadt wie auch die Besteuerung ihrer Bürger neu geregelt werden.

Ein besonderes Licht auf das spätmittelalterliche Wiesbaden wirft die dortige Gründung eines Ritterbundes, der so genannten „Löwengesellschaft" im Oktober 1379: Die Mitglieder dieser Adelsgesellschaft verpflichteten sich, einander Schutz zu gewähren und Hilfe zu leisten gegen Angriffe von außen; Streit unter den Mitgliedern sollte gegebenenfalls auf Schiedstagen u. a. in Wiesbaden geschlichtet werden. Wahrzeichen und Erkennungsmal war für jeden Ritter ein goldener, für jeden Knappen ein silberner Löwe. Schon wenige Jahre nach ihrer Gründung gehörten der „Löwengesellschaft" erstaunlicherweise selbst Herren in der heutigen Schweiz und den Niederlanden an.

Ein ähnlich hohes Ansehen sollte Wiesbaden noch einmal am Ende des 15. Jahrhunderts unter Graf Adolf III. zu Nassau erreichen, der, seit 1480 als Generalstatthalter der Provinzen Geldern und Zütphen tätig, nicht nur deshalb im engeren Umkreis Kaiser Friedrichs III. und dessen Sohn, des späteren Kaisers Maximilian I., zu finden war. Höhepunkte besagter Kontakte waren die Kaiserbesuche Friedrichs III. in den Jahren 1485 und 1486, die immer zugleich Badeaufenthalte des Habsburgers bedeuteten. Nicht zuletzt diesen Kaiserbesuchen wird es zu danken sein, dass Wiesbaden gerade im späten 15. Jahrhundert wieder häufiger in der Badeliteratur Erwähnung findet. Besonders zu erwähnen sind in diesem Zusammenhang der Nürnberger Meistersinger Hans Foltz mit seinem „Puchlin von allen Baden, die von Natur heiß sein" (Nürnberg 1480) und die Verse der Humanisten Konrad Celtis und Dietrich Gresemund am Ausgang des 15. Jahrhunderts.

Frühneuzeitliches Badeleben in Wiesbaden. – Ausschnitt aus dem Titelblatt von Ludwig von Hörnigk: „Wißbades Beschreibung", 1637.

Noch unter Graf Adolf III. wurde nun auch endlich begonnen, die Bürgerstadt, die sich südwestlich des Burgbezirks erstreckte, mit einer Mauer zu umgeben. Nach Norden hin wurde freilich noch immer das so genannte „Sauerland" – aufgrund der zahlreichen heißen Quellen und der starken Mineralhaltigkeit des Wassers galt die Erde als „sauer" – durch die römische Heidenmauer abgeriegelt. Dieser Bezirk der Quellen und der Badehäuser blieb vom Rest des Fleckens abgetrennt und sollte erst Ende des 17. Jahrhunderts mit einer Mauer umgeben werden.

Wiesbaden in der Frühen Neuzeit

Die Reformation hält Einzug

Die kurze Blüte, die Wiesbaden am Ende des 15. Jahrhunderts erlebte, setzte sich indessen nicht fort. Wahrscheinlich bereits im Mai 1525 war es im Zuge der Bauernkriegsbewegung zu offenem Aufruhr gekommen: Die Bevölkerung wollte dem Landesherrn schlichtweg die Abgaben und Dienstleistungen verweigern, Bürgermeister und Schöffen griff man wegen der hohen Auslagen an und setzte Pfarrer und Spitalmeister ab. Graf Philipp III. von Nassau (1542–1559), genannt der Altherr, reagierte indes mit harten Strafen, ja er entzog kurzweg der Stadt alle früher gewährten Privilegien. Doch verlief der Übergang Nassaus zur Reformation – im Ganzen genommen – sehr ruhig. Ohne freilich selbst zum Protestantismus überzuwechseln, ließ Graf Philipp die Anhänger der lutherischen Lehre zunächst gewähren. 1543 berief er den ersten lutherischen Pfarrer an die Wiesbadener Mauritiuskirche; es sollte aber fast noch zehn Jahre dauern, bis der Landesherr selbst zur protestantischen Lehre wechselte. Mit diesem Schritt hatte sich die Reformation in Nassau-Wiesbaden freilich endgültig durchgesetzt. Selbst die Versuche einer Rekatholisierung des von 1566–1568 nur kurz regierenden Grafen Balthasar konnten an dem grundsätzlichen Konfessionswechsel Nassau-Wiesbadens nichts mehr ändern.

Wesentlich gravierender für die Stadt waren freilich zwei Stadtbrände, durch die relativ kurz hintereinander, nämlich in den Jahren 1547 und 1561, nahezu die gesamte Stadt zerstört wurde. Richtete der erste Brand vor allem Schäden in der Bürgerstadt und dem Burgbezirk an, so traf der zweite Brand insbesondere das Gebiet um den Kochbrunnen, also das Sauerland mit seinen Badehäusern: Von diesen rund zwanzig Badehäusern waren neun, also ziemlich genau die Hälfte, in Mitleidenschaft gezogen, vier von ihnen wurden nicht mehr aufgebaut. Das Feuer hatte also den Badeort seiner hauptsächlichen Einnahmequelle beraubt. Allerdings konnten sich im Zuge des Wiederaufbaus benachbarte Badehäuser vergrößern, so dass sich der Verlust einigermaßen kompensieren ließ. In enger Verbindung zu den Badehäusern ist das Gastgewerbe zu sehen, das im Wiesbaden der frühen Neuzeit nämlich ebenfalls überdurchschnittlich stark vertreten war.

Und auch Lohgerber und Häfner, beides Handwerke, die auf reiches Wasservorkommen angewiesen waren, fanden sich besonders viele in der Stadt. In der zweiten Hälfte des 16. Jahrhunderts werden bei rund 600–700 Einwohnern allein sieben Lohgerber, aber nur vier Schuhmacher genannt, und es existierten zehn Häfnerwerkstätten.

Die Erwähnung der Badewirte und Handwerker soll aber nicht davon ablenken, dass die jeweils regierenden Grafen von Nassau weiterhin der bestimmende Faktor in der Entwicklung der Stadt blieben. Dass das regierende Haus in der zweiten Hälfte des 16. Jahrhunderts im Machtgefüge der Stadt scheinbar nicht die Stelle einnahm, die ihm eigentlich gebührt hätte, war allein der Tatsache geschuldet, dass sich um 1600 ein Wechsel innerhalb der nassauischen Familienzweige abzeichnete, wobei Wiesbaden eben nicht die Hauptresidenz der jeweiligen Herrscher war.

Ludwig II. von Nassau-Weilburg (1605–1627)

Der zum Katholizismus neigende Graf Balthasar (1566–1568) hatte bei seinem Tod nur einen einjährigen Sohn, Johann Ludwig, hinterlassen: Dieser erhielt zwar am verwandten Hof in Saarbrücken eine hervorragende Ausbildung, der Tod des Vaters hatte aber die Herrschaft Wiesbaden zunächst in ein Machtvakuum fallen lassen. Als Johann Ludwig schließlich 1590 die Regierung antrat, wählte er zunächst Idstein als seine Hauptresidenz. Ab 1592 ließ er ein neues Schloss in Wiesbaden bauen, denn das bisherige hatte zwar die Stadtbrände leidlich überstanden, war aber baufällig geworden. Durch seine Fördermaßnahmen kam es in der Stadt bereits am Ausgang des

Frühe Stadtansicht von Wiesbaden. – Aus: Daniel Meisner, Thesaurus Philopolitikus, um 1630.

16. Jahrhunderts zu einem erneuten Aufblühen, das jedoch ein jähes Ende finden sollte als der schon früh zu Depressionen neigende Fürst sich im Sommer 1596 aus einem Fenster des Idsteiner Schlosses stürzte, wobei er im Schlossweiher ertrank. Nominell hatte zwar sein im Todesjahr des Grafen geborener Sohn, Johann Ludwig II., die Nachfolge angetreten, doch erlag dieser bereits im Sommer 1605 den Pocken. Damit erlosch die alte Linie Nassau-Wiesbaden-Idstein. Erbe wurde nun der im fernen Saarbrücken residierende Ludwig II., dem auch durch Erbfall bereits die nassau-weilburgischen Gebiete zugefallen waren. Nach 250 Jahren konnte somit der mehrfach geteilte Besitz des so genannten walramschen Stammes, d. h. also alle Gebiete südlich der Lahn, wieder in einer Hand vereinigt werden. Diese Vereinigung sollte jedoch nur 22 Jahre Bestand haben und gelang erst wieder mit der Schaffung des Herzogtums Nassau im frühen 19. Jahrhundert.

Die Teilungen der nassauischen Lande: Walram und Otto

Im 13. Jahrhundert hatten nicht zuletzt enge Beziehungen zu den Staufern zu einem enormen Aufstieg der Grafschaft Nassau geführt, was unter anderem am Beinamen Graf Heinrichs II. (geb. 1190, reg. 1198, gest. um 1250) abzulesen ist, der als „der Reiche" in die Historiografie eingegangen ist. Während nach

26

dessen Tod das umfangreiche Erbe des Vaters zunächst von zweien seiner Söhne (dem um 1220 geborenen Walram und dem um 1225 geborenen Otto) gemeinsam regiert wurde, entschlossen diese sich im Dezember 1255 zur Landesteilung – und zwar mit der Lahn als zukünftigem Grenzfluss. Otto, der jüngere der beiden Brüder, der das Recht der Wahl hatte, nahm sich das Gebiet nördlich des Flusses mit den Städten Siegen, Dillenburg und Herborn. Der südliche Teil der Grafschaft mit den Städten Idstein, Weilburg und dem Gebiet um Wiesbaden fiel folglich Walram zu. Beiden gemeinsam blieben u. a. die Burg und der Hof zu Nassau, der namensgebende Sitz der Familie.

Diese so genannte „prima divisio", die erste Teilung, setzte dem schnellen und beachtlichen Aufstieg der Grafschaft Nassau zu einer bedeutenden Territorialmacht ein Ende und hat das Schicksal des Hauses Nassau bis zum heutigen Tage bestimmt. Nicht nur blieben die „ottonische" und „walramische" Linien auf Dauer geteilt, die Teilung von 1255 war allerdings nur der Anfangspunkt zahlreicher weiterer Teilungen der beiden Linien. Es dauerte bis 1783, als sich die damals verbleibenden Linien Nassau-Usingen, Nassau-Saarbrücken, Nassau-Weilburg (des walramischen Zweiges) und Nassau-Diez (der ottonische Zweig) im so genannten „nassauischen Erbvertrag" auf das Recht des Erstgeborenen und die gegenseitige Erbfolge einigten. Seit jener Zeit konnte eine weitere Teilung des Hauses verhindert bzw. durch das Erlöschen der Linien Nassau-Usingen und Nassau-Saarbrücken im Mannesstamm sogar eine Vereinigung der Linien erzielt werden. Noch immer regieren in Europa sowohl der ottonische als auch der walramische Zweig: Die „ottonische" Linie stellt als Haus Nassau-Oranien die Königin der Niederlande, die „walramische" Linie den Großherzog von Luxemburg.

Bevor jedoch Ludwig II. sein Erbe in Wiesbaden und Idstein antreten konnte, hatte sich der Mainzer Kurfürst Johann Schweikhard von Kronberg – indem er sich auf eine alte Lehnsabhängigkeit der Nassauer im Bereich der Sonnenberger Burg berief – von Kaiser Rudolf II. mit der, nach Mainzer Meinung, an das Reich heimgefallenen Herrschaft Wiesbaden belehnen lassen. Kurmainz war dabei sogar schon so weit gegangen, in Wiesbaden das Mainzer Wappen aufschlagen zu lassen, um seine Herrschaftsansprüche zu manifestieren.

Ludwig, der sich auf einen nassauischen Familienvertrag von 1355 berufen konnte, nahm zunächst seine Residenz in Adolphseck, um von dort aus die Verteidigung seiner Ansprüche zu organisieren, wobei er Unterstützung im Wetterauer Grafenverein fand, der versprach, sollte es zu einem Kriege kommen, bis zu 10 000 Mann zu entsenden.

Eine militärische Auseinandersetzung zwischen Mainz und Nassau-Wiesbaden blieb aus, doch gewann die Angelegenheit an Dramatik, als am Johannistag 1609 das Gerücht umging, Mainzer Truppen würden Wiesbaden angreifen. Aber Kurfürst Schweikhard von Kronberg gedachte die Bemühungen um das rechtsrheinische Territorium auf „bessere" Zeiten zu verschieben. Das Scharmützel, das als Fürstengezänk benachbarter Territorien abgetan werden könnte, erhielt jedoch vor dem Hintergrund des sich wenige Jahre später ereignenden großen, des so genannten Dreißigjährigen Krieges, eine eigene Bedeutung. Das katholische Kurmainz, das die Ansprüche auf die lutherische Herrschaft Wiesbaden nie wirklich aufgegeben hatte, sollte schließlich, bei veränderter Ausgangslage, die der Krieg befördern half, ab 1635 für rund zehn Jahre Herr über die Stadt und das Territorium werden.

Ein neues Rathaus und Wappen

Zunächst konnte die Stadt jedoch unter Ludwig II. von Nassau-Saarbrücken eine neue Blüte erleben, die an die Zeit Adolphs III. erinnern mag. Als signifikantes Beispiel dieser positiven Stadtentwicklung dürfen zum einen der Bau eines neuen Rathauses in den Jahren 1609/1610 gelten, zum anderen die ersten Stadtansichten und neue Badeliteratur, die auf Wiesbaden aufmerksam machen. Bei diesem Rathausbau war es auch, dass der Straßburger Bildhauer Hans-Jacob Schütterlin beauftragt wurde, den Fachwerkbau nicht nur mit Darstellungen der aus der mittelalterlichen Ikonographie hinlänglich bekannten sieben Tugenden (*Justitia* = Gerechtigkeit, *Fortitudo* = Tapferkeit, *Temperantia* = Mäßigung, *Prudentia* = Klugheit, *Fides* = Glaube, *Spes* = Hoffnung, *Caritas* = Liebe)

Das alte Rathaus. – Zeichnung eines unbekannten Künstlers, frühes 19. Jh.

zu schmücken, sondern man außerdem zwei Wappentafeln in Auftrag gab, die das Wappen des Landesfürsten und das Stadtwappen jeweils mit einem Symbol kombinierten. So setzte Schütterlin an die Seite des landesherrlichen Wappens einen Pelikan, das Sinnbild des sich für seine Untertanen verzehrenden Fürsten, an die Seite des Stadtwappens einen Phönix als Symbol für eine Stadt, die trotz großer Brände und Kriegsgefahren immer wieder zu einem Neuanfang gefunden hatte.

Dreißigjähriger Krieg

Freilich ahnte 1610 niemand, welche Verwüstungen der nächste Krieg mit sich bringen sollte. Unter dem Dreißigjährigen Krieg, der mit dem Prager Fenstersturz und der Wahl Friedrichs V. von der Pfalz zum Böhmischen König zunächst weitab von Taunus und Rhein seinen Anfang genommen hatte, hatte auch bald die Badestadt Wiesbaden zu leiden. Waren es

29

zunächst nur Truppendurchzüge, 1619 der protestantischen Unionstruppen, 1621 der katholischen Liga, so fand 1622 mit der Schlacht bei Höchst der erste große Kampf zweier Heere im Rhein-Main-Gebiet statt, dem noch zahlreiche weitere folgen sollten. Immerhin strebten in diesen ersten Jahren der kriegerischen Auseinandersetzung Graf Ludwig II. und sein ihm 1627 in der Regierung folgender Sohn, Graf Johannes, vor allem aber die Einwohner der Stadt danach, sich durch Geldzahlungen von Truppenbelegungen und Plünderungen freizukaufen. Doch mit einem Überfall der kaiserlichen Truppen 1627 sollte diese Taktik ein Ende finden. Es wurden nicht länger nur die Bürger, sondern auch die Badegäste mit schweren Geldschatzungen belegt. Anhand der Quellen lässt sich ab diesem Ereignis für den gesamten Zeitraum bis zum Ende des Krieges ein permanenter Rückschritt in der Badekur nachzeichnen.

Einen weiteren Tiefpunkt der Stadtgeschichte erlebte Wiesbaden, als Graf Johannes, ein überzeugter Lutheraner, der auch nach dem Tod Gustav Adolfs von Schweden weiterhin die protestantische Seite prominent unterstützte, in der Folge der von den Protestanten verlorenen Schlacht bei Nördlingen im Herbst 1634 vom Kaiser seiner Länder für verlustig erklärt wurde und ins französische Exil gehen musste. Die Herrschaft Wiesbaden wurde daraufhin dem Kurfürstentum Mainz unterstellt, das seine Herrschaft für rund zehn Jahre ausüben konnte. Über die katastrophalen Bedingungen in der Stadt werden wir schon Mitte der 30er-Jahre durch eine Beschwerde des Mainzer Residenten Jäger im Jahr 1637 informiert: Es seien die Badebassins seit vier Jahren nicht mehr abgelassen, das Thermalwasser sei schmutzig und übelriechend geworden, Zu- und Abläufe hätten sich verstopft und auf den Straßen angesammelt, was zu ungesunden Ausdünstungen führe.

Doch es sollte alles noch schlimmer kommen. Im Herbst 1646 ereignete sich ein Überfall bayerischer Reiter, die sich *nach Wißbaden, drey Meyl von dar gewendet, selbiges Städtlein unversehens überstiegen, viel Bürger niedergemacht, alles rein geplündert, mit Weibern und minderjährigen Töchtern unerhörte Schand getrieben und also gehauset, daß es nicht zu beschreiben*. (So heißt es im 5. Band des von Matthäus Merian 1647 herausgegebenen Geschichtswerks „Theatrum Europaeum".) Als auf Unterstützung Frankreichs und Schwedens bei den beginnenden Verhandlungen zu Münster und Osnabrück Graf Johannes im Dezember 1646 in seine Herrschaft Wiesbaden-Idstein zurückkehren konnte, bot ihm Wiesbaden ein schreckliches Bild: Weite Teile der Stadt waren abgebrannt oder eingestürzt, der Marktplatz, mit Hecken und Unkraut bewachsen, war zum Tummelplatz von Hasen und Feldhühnern geworden. Die Einwohnerzahl war auf rund 300 Personen zusammengeschmolzen.

Hexenverfolgung

Eine wirkliche Erholung sollte es für die Einwohner Wiesbadens jedoch auch nach dem Westfälischen Frieden (1648) nicht geben. Schuld daran war eine Serie von Hexenprozessen, denen zahlreiche Hinrichtungen folgten, die das kleine nassauische Territorium erschütterten. Graf Johannes, der in der Forschung zwar für sein breites Wissen und seinen Einsatz für den Wiederaufbau seines durch den Krieg verwüsteten Landes gelobt wird, verfiel in seinen letzten Lebensjahren in einen, so muss man es nennen, Hexenwahn, der in der kleinen Grafschaft Nassau-Idstein zu 43 Prozessen führte, von denen 39 mit der Todesstrafe endeten; auch sechs Wiesbadener Frauen und Männer befanden sich unter den Hingerichteten. Was bei den Hexenprozessen in Nassau auffällt, ist zum einen der relativ späte Ausbruch des Hexenwahns, d. h. zu einer Zeit, als die Fürsten der meisten anderen deutschen Territorien die Hexenverfolgung längst verboten hatten, zum anderen der direkte Einfluss, den der Graf immer wieder auf den Prozessverlauf nahm, und dessen gnadenlose Härte, mit der er auf die Anwendung der Todesstrafe drängte.

Aufschwung unter Fürst Georg August Samuel

Der Tod des Grafen Johannes im Mai 1677 beendete die schrecklichen Hexenprozesse mit einem Schlag. Unter seinem Sohn, Georg August Samuel, der zu diesem Zeitpunkt erst zwölf Jahre alt war und 1684 für volljährig erklärt wurde, sollten für die Städte seiner Herrschaft neue Zeiten anbrechen. Eine seiner zentralen Aufgaben sah der 1688 in den Fürstenstand erhobene Landesherr in einer gezielten Ansiedelungs- und Baupolitik, die die Zerstörungen des Dreißigjährigen Krieges endgültig beseitigen sollte. Und zwar bezogen sich diese Maßnahmen nicht nur auf seine Hauptresidenz Idstein, sondern gleichermaßen auch auf Wiesbaden als die Nebenresidenz. Als wichtig für die Kurstadt sah der Fürst darüber hinaus die Förderung des Badewesens an. In beiden Punkten sollte er Erfolge erzielen.

Wer neu nach Wiesbaden zog, sollte für 15 Jahre von allen Gemeindelasten befreit sein; darüber hinaus wurden ihm das nötige Bauland sowie Baumaterial kostenlos zur Verfügung gestellt. Aber auch für die bereits in Wiesbaden Lebenden sollte es zahlreiche Verbesserungen geben: Der Stadt selbst wurden zunächst alle alten Freiheitsrechte erneuert; im ehemaligen Kloster Klarenthal wurde zur Hebung des Manufakturwesens eine Spiegelmanufaktur eingerichtet; mit den Hofgütern Georgenthal und Henriettenthal wurden landwirtschaftliche Mustergüter angelegt. Die Förderung des Landstraßenbaus und die Einrichtung regelmäßiger Postverbindungen sorgten zudem für eine bessere verkehrstechnische Vernetzung – wie bescheiden dies uns heute auch erscheinen mag.

In Wiesbaden wurden darüber hinaus das alte Schloss erneuert (es wurde nach Georg August Samuels Tod 1721 zur Residenz seiner Witwe Henriette bis zu deren Ableben sieben Jahre später bestimmt), die Mauritiuskirche barock umgestaltet, und vor allem, sowohl in der Bürgerstadt als auch im Sauerland, kam es zu neuen oder stark veränderten Straßenanlagen, womit Wiesbaden einen „städtischeren Charakter" annehmen sollte. Wie sehr der an der Aufwertung der Stadt Wiesbaden interessierte Fürst dabei auf die einzelnen Bürger Druck ausüben konnte, zeigt eine Verordnung vom 16. März 1703, in der jedem Besitzer eines unbebauten Hofreitplatzes mit dem Entzug des Grundstückes gedroht wurde, sollte er sich nicht binnen acht Tagen zum Bau verpflichten. In der Regierungszeit Georg August Samuels wurde nun auch die Ummauerung des Sauerlandes in Angriff genommen und die Stadtmauer und ihre Tore und Türme wurden erneuert.

Langfristig am bedeutendsten für die Stadtgeschichte sollte sich jedoch die Grundsteinlegung für ein kleines Jagdschloss am Rhein erwiesen. Das 1701 erbaute Gartenhaus für Fürstin Henriette Dorothea entwickelte sich bis 1744 zu einem imposanten Barockschloss, das die Nachfolger schließlich auf den Gedanken brachte, die Residenz endgültig an den Rhein zu verlegen, Wiesbaden aber zum Verwaltungssitz zu machen.

Ein Märchenschloss am Rhein: Schloss Biebrich

Wer heute auf einer Rheinreise, etwa auf dem Schiff, von Mainz herkommend in das Mittelrheintal gleitet, passiert Schloss Biebrich. Davon ist er gewiss noch immer so entzückt, wie es die Besucher des 18. und 19. Jahrhunderts waren. *Es ist völlig ein Mährchen*, so beschrieb etwa Goethe bei seinem Besuch im August 1814 die Lage des Schlosses. Dabei hatte alles zunächst ganz klein angefangen: 1702 sollte ein schlichtes Gartenhaus für Fürstin Henriette Dorothea zu einem kleinen Schlösschen am Rhein für die Reiherjagd ausgebaut werden. Bald darauf erteilte Fürst Georg August Samuel dem Kasseler Baumeister

Schloss Biebrich in einer seiner frühesten Darstellungen. – Aquatintaradierung von Theodor Sutherland nach einer Zeichnung von Christian Georg Schütz II., um 1820.

Paul du Ry den Auftrag, in einigem Abstand ein zweites Wohn-schlösschen als ein Gegenstück zu errichten. Zu künstlerischer Reife sollte das Projekt freilich erst gedeihen, als man den zuvor in Wien und Mainz tätigen Maximilian von Welsch beauftragte, eine Verbindung der beiden Gebäude herzustellen und im Zentrum der Anlage einen Festsaal entstehen zu lassen. Jedoch waren die Bauten beim Tode des Fürsten 1721 noch nicht vollendet, die Erben in Saarbrücken, eine nassauische Nebenlinie, hatten aber kein Interesse an einer Fortführung des baulichen Vorhabens. Erst mit dem nächsten Erbfall an die Usinger Linie im Jahr 1733 richtete sich das Augenmerk erneut auf den Torso am Rhein. So entschloss sich Fürst Karl von Nassau-Usingen im Jahr darauf sogar, seine Residenz vom Hintertaunus an den Rhein zu verlegen. Bis zum Umzug im Jahr 1744 wurde das Schloss nun noch durch den Anbau zweier Seitenflügel, den Winterbau (Westflügel) und den Marstall (Ostflügel), komplettiert. Trotz der langen Bauzeit von über 40 Jahren und den unterschiedlichsten Architekten bietet Schloss Biebrich dennoch einen erstaunlich einheitlichen Gesamteindruck, der zudem eine Steigerung erfuhr, indem Friedrich Ludwig von Sckell in den Jahren 1817 bis 1823 einen Landschaftspark im englischen Stil anlegte.

Nachdem bereits Graf Johannes nach Beendigung des Drei-ßigjährigen Krieg versucht hatte, durch Neuauflagen von Badeliteratur das Ansehen des Badeortes überregional zu heben (1662 erschien die Neuauflage des Buches „Wißbades Beschreibung" von Ludwig von Hörnigk), erteilte Fürst Georg August Samuel am Ende des 17. Jahrhunderts seinem Leibarzt Eberhard Melchior den Auftrag, eine neue Badschrift zu verfassen. Die „Anatomia hydrologica Thermarum Wisbadensium" zu Deutsch: „Ein Ausführlicher, genauer Ursprünglicher Bericht und Chur-Buch von Krafft und Würckung der Weltbekandten und von Gott gesegneten heylsamen Bäder von Wißbaden" erschien 1697. Eine bessere „Vermarktung" der Kur war unbedingt von Nöten, war doch die Anzahl der Kurgäste auch nach Beendigung des großen Krieges weiter im Zurückgehen begriffen. Gleichzeitig bekam Wiesbaden immer stärker die Konkurrenz der Bäder Schlangenbad und Langenschwalbach (heute: Bad Schwalbach) zu spüren. Zudem diese den Krieg besser überstanden hatten, begannen sie mit der Trinkkur von mineralhaltigen kalten Säuerlingen die bisherigen Warmbadeorte zu überflügeln. Um die Badestadt Wiesbaden, die noch nicht sehr reich war an Promenaden und Parkanlagen, für die Kurgäste aufzuwerten, ließ der Fürst am Rand der Stadt, nahe des Schlosses den so genannten „Herrengarten" anlegen – sozusagen Wiesbadens ersten Kurpark.

Im Jahr 1721 verstarb Fürst Georg August Samuel völlig überraschend im Alter von nur 56 Jahren an den Pocken. Da er keinen überlebenden Sohn hatte, fiel seine Herrschaft als Erbe an die in Saarbrücken und Ottweiler regierende Linie des Hauses Nassau, die freilich keinerlei Interesse an einem weiteren Ausbau des entfernten Wiesbaden haben konnte. Erst als der letzte Vertreter dieser Linie im Jahr 1728 starb und das Erbe an den in Usingen regierenden Zweig fiel, geriet der Standort Wiesbaden erneut in den Fokus der Überlegungen.

Landeshauptstadt und Hauptresidenz

Doch bestand in Usingen ebenfalls mehr oder minder ein Machtvakuum, da Fürst Wilhelm Heinrich, der 1718 – noch nicht 34-jährig – gestorben war, nur unmündige Kinder hinterlassen hatte. So sollte es noch bis 1730 bzw. 1735 dauern, bis die beiden Söhne Karl und Wilhelm Heinrich für volljährig erklärt wurden und somit die Regierung übernehmen konnten. Wieder einmal trat eine der zahlreichen nassauischen Landesteilungen ein – in diesem Fall aber nicht zum Schaden Wiesbadens. Der ältere Sohn, Fürst Karl, sollte hinfort in den rechtsrheinischen Gebieten Wiesbaden, Idstein, Usingen regieren, sein jüngerer Bruder, Wilhelm Heinrich, übersiedelte in die linksrheinischen nassauischen Gebiete und begründete die neue Linie Nassau-Saarbrücken, die freilich schon rund 60 Jahre später bereits erlöschen sollte.

Karl hatte als junger Fürst offenbar schon bald nach seinem Regierungsantritt die Qualitäten der Biebricher Residenz und der ihr nahebei gelegenen Kurstadt Wiesbaden erkannt, denn nur wenige Jahre nach seiner Volljährigkeitserklärung im Jahr 1730 wurde wieder mit den Baumaßnahmen an Schloss Biebrich begonnen, die nach dem Tod Fürst Georg August Samuels ins Stocken geraten waren: Bis 1734 entsteht nun der Ostflügel mit Marstall und Räumen für die fürstliche Verwaltung, ab 1737 werden die Bauarbeiten an der Rotunde sowie den Galerien wieder aufgenommen und ab 1740 folgt der Westflügel mit kostbarer Innenausstattung, darunter auch Öfen, um den Bau wintertauglich zu machen. Nach Abschluss der Bauarbeiten im Jahr 1744 ordnete Fürst Karl folgerichtig die Residenzverlegung an. Bis zum Bau des Stadtschlosses sollte das „Märchenschloss am Rhein" nun für rund 100 Jahre die Hauptresidenz der Fürsten und späteren Herzöge von Nassau sein.

Ebenso wichtig wie die Residenzverlegung nach Biebrich wurde die Entscheidung des Fürsten andererseits für Wiesbaden selbst: Schließlich bedurfte es neben der im Schloss am Rhein untergebrachten fürstlichen Hofhaltung außerdem ausreichender Arbeits- und Wohnräume für die dem Hof nachfolgenden zentralen Verwaltungs- und Gerichtsbehörden. Für diese schien dem nassauischen Herrscher Wiesbaden wie geschaffen, verfügte er doch hier über ausreichende Gebäude: Regierung und Kanzlei bezogen Räume im so genannten „Neuen Schloss", einem seit dem Tod der letzten Bewohnerin, Fürstin Henriette Dorothea, im Jahr 1728 leer stehenden Bau, die Hofkammer wurde in den alten Wiesbadener Marstall einquartiert. Wiesbaden wurde aufgrund dieses administrativen Aktes plötzlich zur Landeshauptstadt. Dies sollte sie, sieht man von der preußischen Zeit (1866–1945) ab, bis heute bleiben.

Der Aufschwung Wiesbadens durch seine neue Funktion als Verwaltungssitz für das kleine Fürstentum spiegelt sich auch rasch in den Zahlen der Einwohner. Können wir am Ausgang des 17. Jahrhunderts von einer Bevölkerungszahl von rund 700 Bewohnern ausgehen, die bis zum Tod Fürst Georg August Samuels 1721 auf rund 1300 angewachsen war, so erhöhte sie sich bis zur Mitte des 18. Jahrhunderts, sicher nicht zuletzt durch den Zuzug von Beamten und deren Familien, auf knapp 2000 Einwohner. Wie gut 50 Jahre zuvor ist es wieder ein absolutistischer Fürst, der die in der Zwischenzeit in einen kurzen Dornröschenschlaf gefallene Stadt weckt und zu formen beginnt. Es wurden nicht nur die bisherigen fürstlichen Gebäude der Stadt genutzt, sondern auch neue wurden errichtet: Am Michelsberg entsteht ein Zucht- und Arbeitshaus, am Rande des Sauerlands ein Spital mit Spitalbad (das immerhin bis 1879 den Wiesbadenern als Krankenhaus dienen sollte) und am nordwestlichen Rand der Wiesbadener Gemarkung baute man, da Biebrich nun zur Hauptresidenz geworden war, ein neues Jagdschloss mit angegliederter Fasanerie.

„Gemischte Kur" und Glücksspiele

Dies freilich bezog sich alles auf Veränderungen, die Wiesbaden aufgrund seiner neuen Bestimmung als „Landeshauptstadt" erhalten sollte. Mit einher liefen allerdings auch Veränderungen, die in erster Linie die Kur- und Badestadt betrafen: Denn immer noch stand die Kur in Wiesbaden im Schatten der Badeorte Langenschwalbach und Schlangenbad – geschweige denn der internationalen Modebäder, wie Spa in den Ardennen oder Bath in Südengland, oder der Fürstenbäder, wie Pyrmont oder Brückenau, in denen die jeweilige Landesherrschaft in eigenen festen Häusern logierte, daneben aber ihr Amüsement in besonderen, auch den übrigen Kurgästen zugänglichen Einrichtungen suchte. Hier wurden so genannte Gesellschaftshäuser mit Musik-, Tanz- und Lesesälen oder Räumen für das Hazard- bzw. Glücksspiel eingerichtet. In der Regel waren diese Bäder für ihre Trinkkuren bekannt, Wiesbaden mit seiner Badekur folgte der Entwicklung der genannten Kurbäder freilich mit einiger Verzögerung.

Um die Trennung von Bade- und Trinkkur zu beseitigen, entwickelte sich in Wiesbaden, vor allem seit der zweiten Hälfte des 18. Jahrhunderts, die Form der gemischten Kur, bei der man in Wiesbadener Wasser badete, daneben aber das entschlackende, den Körper reinigende Schwalbacher Wasser trank. Vor allem entstanden nun so nach und nach eine Kurarchitektur und Kureinrichtungen, die fraglos Voraussetzung dafür waren, sich an die Entwicklung der anderen Kurstädte im Reich anzuschließen zu können. Mit der Aufwertung Wiesbadens zum Verwaltungssitz begann nun auch der Aus- und Umbau der Badestuben und -herbergen zu Hotels unterschiedlicher Kategorien. Gab es um 1700 eigentlich nur den „Schützenhof", der den Ansprüchen fürstlicher Gäste genügen konnte, so entwickelten sich nun durch die diversen Baumaßnahmen auch die bisherigen Badhäuser „Adler", „Bär", „Bock" und „Rose" zu Häusern erster Kategorie – gewiss die Voraussetzung, um fortan Gäste ersten Ranges zu beherbergen.

Die Anpflanzung von Alleen, vor allem die Anlage eines weiteren „Herrengartens", teils in französischer, teils in englischer Manier, im Jahr 1776 und einer diesen Herrengarten mit dem so genannten Wiesenbrunnen verbindenden Allee zeugen von den Versuchen, den Kurgästen neue Promenaden anzubieten und Möglichkeiten der Freizeitgestaltung zu schaffen. Wie bescheiden diese zum Teil freilich noch waren, zeigt der rührende Versuch des nassauischen Kircheninspektors Hellmund, die Kinder des Waisenhauses nach dem Abendessen vom „Altan" des Gebäudes christliche Lieder singen zu lassen, die die flanierenden Kurgäste am Abend *zu ihrer geistlichen Ermunterung* anhören sollten.

Unterhaltung ganz anderer Art bot das Glücksspiel, das Fürst Karl 1771 durch ein Spieleprivileg sanktioniert hatte. Zunächst handelte es sich um reine Kartenspiele, ab 1782 wurde darüber hinaus auch Roulette zugelassen. Durch die Konzessionierung konnte der Fürst das Spiel auf der einen Seite unter Kontrolle halten, gleichzeitig aber auch indirekt davon profitieren. Spielsaison war von April bis Oktober, wobei in den Sälen der neuen Badehäuser gespielt wurde.

1783 fällte die nassauische Dynastie eine Entscheidung von weitreichenden Folgen: Die Linien Nassau-Diez (Niederlande), Nassau-Weilburg, Nassau-Saarbrücken und Nassau-Usingen einigten sich im so genannten Erbvertrag darauf, dass nur der jeweils Erstgeborene das Erbe antreten könne, was eine weitere Zergliederung der Territorien verhindern sollte.

Wie rasch Einigkeit der Linien vonnöten war, wird zu diesem Zeitpunkt sicher keinem der unterzeichnenden Fürsten klar gewesen sein. Denn nur wenige Jahre später, im Herbst 1792, standen die französischen Revolutionstruppen am Rhein, hatten das linke Rheinufer besetzt und schwärmten mit ihren Truppenverbänden sogar bis in den Westerwald und nach Frankfurt.

Nur durch das gemeinsame Vorgehen der nassauer Linien bei den diversen Verhandlungen des Reiches mit dem revolutionären Frankreich war es den kleinen Territorien überhaupt möglich, sich Gehör zu verschaffen. Der Erbfall des Saarbrücker Territoriums an den seit 1775 in Wiesbaden regierenden Fürsten Karl Wilhelm sicherte diesem sogar das Recht, bei der Neuordnung des Reiches im Zuge des Reichsdeputationshauptschlusses 1802/03 Entschädigung für sich zu fordern. 1797 war die Saarbrücker Linie im Mannesstamm erloschen, das von den Franzosen besetzte Gebiet fiel offiziell an Fürst Karl Wilhelm von Nassau-Usingen. Damit konnte er – ebenso wie sein Weilburger Vetter für Gebiete um das ebenfalls französisch besetzte weilburgische Kirchheim-Bolanden – für das an Frankreich verlorene linksrheinische Gebiet Entschädigung auf der rechten Rheinseite fordern. So wurden den beiden im Rahmen des Deputationshauptschlusses von 1803 weite Teile des ehemals rechtsrheinischen kurtrierer und kurmainzer Besitzes zugesprochen (sowie die Gebiete der ehemals reichsfreien freiherrlichen und gräflichen Territorien).

Da weder Fürst Karl Wilhelm, der im Jahr 1803 starb, noch sein ihm nachfolgender Bruder Friedrich August Söhne hatten, war darüber hinaus absehbar, dass der Weilburger Zweig der Familie früher oder später zum Erben von Nassau-Usingen werden würde. Folgerichtig vereinten die beiden Fürsten im Vorgriff auf diese Erbfolge bereits am 30. August 1806 ihre Besitzungen zu einem gemeinsam regierten Territorium, das durch den Beitritt zum napoleonischen Rheinbund, der wenige Tage zuvor stattgefunden hatte, in den Rang eines Herzogtums erhoben worden war. Innerhalb kürzester Zeit war damit ein souveräner Staat entstanden, der sich nun als Flächenstaat präsentierte – mit den natürlichen Grenzen Main und Rhein im Süden und Westen sowie bis vor die Tore Frankfurts im Osten und dem Westerwald mit den ehemals kurtrierer und nassau-oranischen Besitzungen im Norden.

Es sollte freilich noch bis zum Ende der napoleonischen Ära dauern, bis mit den Verhandlungen auf dem Wiener Kongress die geschlossene äußere Gestalt des Herzogtums endgültig festgelegt wurde. Fast zur gleichen Zeit, nämlich im Jahr 1816, starb denn auch Herzog Friedrich August, der letzte Vertreter von Nassau-Usingen, so dass ab diesem Zeitpunkt nur noch eine Linie regierte: Nassau-Weilburg. Wiesbaden hatte sich also in nur wenigen Jahren vom Verwaltungssitz eines kleinen Fürstentums zur Hauptstadt eines deutschen Mittelstaates gewandelt. Aufgrund dieser Entwicklungen waren die Voraussetzungen für Wiesbadens große Zeit geschaffen.

Wiesbadens große Zeit: Das 19. Jahrhundert

Brachten die Ereignisse in der Folge der Revolutions- und der napoleonischen Kriege zwar für die Menschen der Stadt Belastungen, Soldatendienst und in dessen Folge auch Not und Elend: Für die Struktur des Staates und seiner neuen Hauptstadt sollten sie freilich die große Chance eines Neubeginns in sich bergen. Denn es waren nicht nur Langenschwalbach und Schlangenbad, also die Bäder in der nächsten Umgebung Wiesbadens, die durch Gebietsveränderungen im Zuge des Reichsdeputationshauptschlusses, der napoleonischen Aufteilungen und des Wiener Kongresses an das neue souveräne Herzogtum Nassau fielen, sondern außerdem Bad Ems an der Lahn wie auch die Taunusbäder Weilbach und Soden. Für eine derartige Konzentration so vieler Mineralbrunnen und Badeorte bedurfte es nun einer staatlichen Planung und Organisation, um eine effektive Nutzung des Kurwesens in dem ansonsten eher rohstoffarmen Land durchzusetzen. Anstelle der jahrhundertelangen Konkurrenz sahen sich alle nassauischen Badestädte hinfort unter eine gemeinsame Oberhoheit gestellt. Indessen hatte die herzogliche Familie klar erkannt, welch große Anstrengungen zu unternehmen waren, wollte man weiterhin die Kur als zentralen Faktor gesellschaftlichen Lebens für die Residenzstadt erhalten.

Zugleich bedeutete für Wiesbaden die neue Funktion einer Landeshauptstadt natürlich auch einen Zuzug von Regierungsbeamten und Juristen, in deren Gefolge unter anderem Handwerker und Kaufleute kamen, für die alle es Wohn- und Arbeitsraum zu schaffen galt.

Von entscheidender Bedeutung für den neuen Regierungssitz, seine planerische Entwicklung, vor allem aber auch die Umgestaltung des Kurwesens waren die Einrichtung einer Bau- und Chausseekommission sowie einer Sanitätskommission im Jahr 1803. Es liegt auf der Hand, dass die Besetzung dieser Kommissionen allein mit „Landeskindern" schlechterdings nicht mehr zu leisten war. Folglich mussten Fachleute von außen berufen und in den Staatsdienst aufgenommen werden. Als prominentestes Beispiel hierfür darf die Berufung des südwestdeutschen Architekten Christian Zais gelten.

Christian Zais (1770–1820), der Architekt und Baumeister des klassizistischen Wiesbaden. Nach einer Zeichnung von J. L. Metzger, 1810.

Christian Zais: Architekt der nassauischen Residenzstadt

Es war dem 1770 in Cannstadt geborenen Christian Zais nicht an der Wiege gesungen, einstmals der wichtigste Architekt des Klassizismus in Nassau zu werden. Als drittes von sieben Kindern eines Chirurgen und Gerichtsarztes besuchte er nicht nur die Lateinschule seiner Heimatstadt, sondern trat mit 14 Jahren in die Stuttgarter Steinhauerzunft ein, die er als Sprungbrett zum Besuch der Hohen Karlsschule (1787–1791) nutzte. Hier knüpfte er Freundschaften fürs Leben: Eine „Schulfreundschaft" verband ihn mit Wilhelm von Wolzogen, dem Schwager Schillers, der später in Weimar als Minister und Architekt tätig wurde, eine weitere Freundschaft pflegte er mit Ernst Freiherr Marschall von Bieberstein, seit 1803 Regierungspräsident in Nassau, ab 1806 Staatsminister dortselbst. Er war es, der den jungen Architekten Zais als Bauinspektor nach Nassau bzw. Wiesbaden holte. Hier konnte sich nun Zais' Genie entfalten. Der am Werk Friedrich Weinbrenners geschulte und mit Georg Moller aus Darmstadt befreundete Christian Zais sollte zu *dem*

Baumeister des Klassizismus in Wiesbaden werden: Das alte Kurhaus, die Neuanlage von Straßen (historisches Fünfeck), das Erbprinzenpalais, das Badehotel „Vier Jahreszeiten" und zahlreiche weitere Wohnhäuser waren seine Schöpfung. Als Zais im Jahr 1820 unerwartet im Alter von nur 50 Jahren starb, hatte er die Stadt wie kaum ein anderer zuvor verändert und geprägt. Der verwinkelte Flecken war durch ihn zur modernen Residenz- und Badestadt umgestaltet worden. Mit der Anlage des Kurhauses hatte er zudem den Prototyp entwickelt, an dem sich alle anderen Kurstädte in der Folgezeit orientieren sollten.

Christian Zais und der Leiter der Bau- und Chausseekommission, Baudirektor Carl Florian Goetz (1763–1829), ergänzten sich, bei allen Unterschieden der beiden Charaktere, offenbar aufs Beste: Zais entwickelte in den Jahren ab 1805 vor allem ein Konzept für den neuen Kurbezirk und ein Gesellschaftshaus, Goetz' Aufgabe war derweilen die Organisation des gesamten Bauwesens der Stadt, die benötigten neuen Straßen und Wohnviertel für die schnell wachsende Bevölkerung. Gefördert durch Herzog Friedrich August und versehen mit der Gunst des Staatsministers Ernst Freiherr Marschall von Bieberstein, entsteht hier – während ringsum Krieg tobt und Nassaus Truppen als Militäreinheiten der Rheinbundstaaten an der Seite Napoleons unter anderem in Spanien zum Einsatz kommen – die Idee des neuen Wiesbadens samt eines ebenso neuen Kurbereichs: Mit der Erweiterung der Stadt wurde im Süden begonnen, wo man über die schon lange militärisch nutzlos gewordene Stadtmauer und das so genannte Mainzer Tor hinausgriff, um eine neue Platzanlage zu schaffen, die nach dem Namen des Herzogs Friedrichsplatz benannt wurde (der heutige Schillerplatz), gesäumt von herrschaftlichen Häusern, die zu Wohnungen für Landesbeamte bestimmt waren. In östlicher Richtung baute man in der Folge die untere Friedrichstraße, die man rasch abknicken ließ, um eine Verbindung zum Herrengarten in nördlicher Richtung anzustreben. Damit war die Grundidee der neuen Residenzstadt Wiesbaden entwickelt: Nicht die enge Altstadt mit ihren verwinkelten Gassen sollte verändert werden, sondern man umgab diese lieber zunächst mit neuen, breiten Straßen. Die 1812 fertig gestellte

Alleestraße, nach 1816 zu Ehren des neuen Landesherrn in „Wilhelmstraße" umbenannt, war beachtliche 36 m breit, wobei je 6 m auf die um 10 cm erhöht angelegten Bürgersteige entfielen. Diese großzügig gestaltete Prachtstraße war im Vergleich zu denen in der Altstadt nicht weniger als viermal so breit und zugleich doppelt so breit wie die Straßen, die des Weiteren angelegt werden sollten.

Entlang der neuen Straßen wurden nun Wohnhäuser, Badehotels und Palais im modernen klassizistischen Stil errichtet, die dem von Frankfurt oder Mainz kommenden Besucher der Stadt ein völlig verändertes Wiesbaden präsentierten. Um 1820 waren die konzeptionellen Arbeiten an einer Ummantelung der Wiesbadener Altstadt abgeschlossen: Im Norden der Alleestraße/Wilhelmstraße zweigte eine Straße (die spätere Taunusstraße) ab, die zusammen mit der späteren Röderstraße und der Schwalbacher Straße sowie der Verlängerung der Friedrichstraße nach Westen einen kompletten Ring um die Altstadt zog. Dieses historische Fünfeck, das die Altstadt umgibt, hat sich übrigens bis heute erhalten und ist auf Stadtplänen leicht nachzuvollziehen.

Die geschäftige Bautätigkeit in Wiesbaden, die für die ersten Jahren des neuen Herzogtums typisch ist, finden wir auch in einem Brief Johann Wolfgang von Goethes an seine Frau Christiane bezeugt, wenn er im Juni 1815 berichtet: *Gebaut wird hier sehr viel, die Anlagen dazu sind höchst verständig und lobenswürdig, die Linien wonach gebaut werden muß, wohl überlegt. Es gibt Straßen, die der größten Stadt Ehre machen würden.*

Ein prachtvolles Kurhaus

In diese Altstadt-Ummantelung eingeschlossen waren der bisherige Kur- und Badebereich im nördlichen Stadtgebiet, dem so genannten Quellenviertel. Wenn es nach den Badewirten gegangen wäre, hätten alle Überlegungen für den Standort eines neuen Gesellschaftshauses in Richtung Kranzplatz und Kochbrunnen gezielt. Ganz anders waren aber die Pläne, die

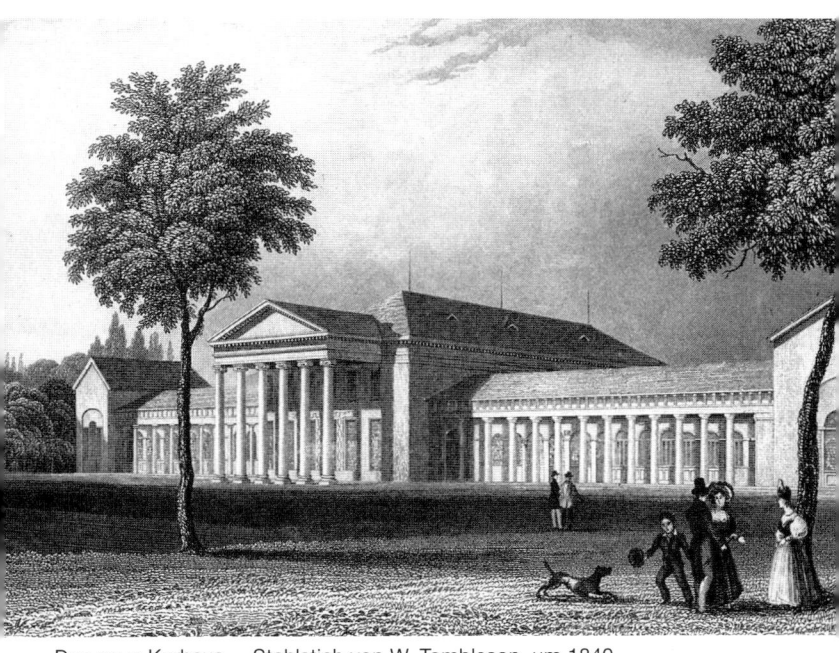

Das neue Kurhaus. – Stahlstich von W. Tombleson, um 1840.

Christian Zais im Sinn hatte. Abseits der als unschön empfun-
denen Altstadt, alles Alltägliche und Banale hinter sich las-
send, sollte sich die Gesellschaft zur Kur vielmehr in einem
abgeschlossenen Bereich treffen, der es einerseits ermöglichte,
Unterhaltung und Konversation zu führen, es aber auch dem
Kranken erlaubte, in der Erhabenheit von Natur und Architektur Ruhe und Erholung zu finden. Eine solche Planung ließ
sich für Christian Zais nur außerhalb der Stadt realisieren. So
schlug er folgerichtig den Bau eines Gesellschaftshauses im
Osten der Stadt – sozusagen auf der grünen Wiese – vor, das
durch eine, wie er sich ausdrückte, *bedeckte Colonade und
Arcade* mit der Stadt verbunden werden könne. Der Platz, den
Zais für das neue Kurhaus ins Auge gefasst hatte, lag gar nicht
weit entfernt vom so genannten Sonnenberger Tor, wo sich
bereits durch den bisherigen Herrengarten und eine kleine
Promenade zu einem „Wiesenbrunnen" ein kleines, sehr be-

scheidenes zweites Kurzentrum etabliert hatte. Aufgrund der beschränkten öffentlichen Mittel des noch jungen Staates war geplant, das neue Gebäude durch privates Kapital in Form von Aktien zu finanzieren. Es erwies sich jedoch als schwierig, diese Idee zu realisieren. Schließlich war es das Herrscherhaus, das die meisten Anteile an dem Projekt zeichnete. Die Grundsteinlegung fand 1808 statt; Zwei Jahre später war der Bau bereits vollendet. Nicht zuletzt aufgrund der guten Kontakte, die Christian Zais mit dem Weimarer Minister und Architekten Wilhelm von Wolzogen pflegte, hatte sich jener an den gerade vollendeten Weimarer Schloss- und Schießhaussälen orientiert, deren Erscheinungsbild er jedoch an Pracht und Größe zu übertreffen beabsichtigte.

Der Mittelbau des rund 110 m langen Gesellschaftshauses erhielt seine Auszeichnung durch einen sechssäuligen ionischen Portikus, hinter dem der große Haupt- und Mittelsaal lag, der über ein Vestibül mit den Garderoben verbunden war. Gefasst wurde der große Saal durch zwei Flügelbauten für die Speisesäle und weitere Zimmer. Rechts und links des Portikus verbanden Kolonnaden von jeweils zwölf dorischen Säulen den Bau mit Eckpavillons, in denen Verkaufsstände aufgebaut waren. Vor allem aber mit der Ausgestaltung des großen Saales war Zais ein Kunstwerk gelungen, das nicht unwesentlich zu Wiesbadens Ruf als einem eleganten Treffpunkt beitragen sollte: 28 Säulen aus Lahnmarmor in korinthischem Stil trugen eine Attika als Galerie. (Skulpturen italienischer Künstler, darunter auch Schüler von Canova, die von Napoleon seinerzeit für Familienmitglieder in Auftrag gegeben worden waren, konnten in späteren Jahren relativ günstig erworben werden.)

Die Pracht des Gesellschaftshauses erfuhr dann sogar noch eine Steigerung, indem seitens der Regierung der Auftrag erteilt wurde, an der der Stadt abgewandten Seite einen Garten im englischen Stil anzulegen, deren gestaltete Landschaft einen Übergang zu den nahen Taunushügeln bieten sollte. Im Zentrum des Kurparks schuf man durch die Stauung eines Taunusbaches einen großer Weiher, der, bei allen Veränderungen, die der Park im Laufe der folgenden 200 Jahre erfahren hat, auch heute noch sozusagen das Herzstück der Anlage darstellt. *Der*

Park (…) ist so labend und frisch, als Durstige wie wir ihn nur wünschen können. Ganz überquellend von Blumendüften, Nachtigallengesängen und kühlen Schatten. Da schlängelt sich der Weg längs einem meistenteils unsichtbaren, hinter dichten Bäumen und Gebüschen murmelnden Bache wohl eine halbe Stunde weit, lobte Ludwig Börne den Garten. Auch Johann Wolfgang von Goethe hatte übrigens bei seinem Wiesbadenaufenthalt die Atmosphäre des Kurparks hervorgehoben: *Die Rosen blühen vollkommen, die Nachtigallen singen, wie man nur wünsch*t. Worum beide Dichter in ihrem Lob auf den Nachtigallengesang wahrscheinlich nicht wussten, waren die Anstrengungen, die die Stadt unternommen hatte, um einen solchen Eindruck zu erwecken. Im gleichen Jahr 1815 nämlich, als Goethe seine Bemerkungen nach Weimar schrieb, hatte die Stadtregierung eigens zwei neue Verordnungen erlassen, die zum einen das Fangen von Singvögeln unter hohe Strafe stellte, zum anderen aber jeden Bürger verpflichtete, pro Halbjahr 15 tote Spatzen abzuliefern.

Festliche Bälle

Am 31. Mai 1810 begann in den neuen Räumen des Kurhauses das Glücksspiel, das in den Jahren der Revolutionskriege immer mehr außer Kontrolle der staatlichen Aufsicht geraten war – man spielte, wann und wo sich Spiellustige zusammenfanden –, nun jedoch wieder in die Hände des Staates gelegt wurde: Am 1. Juli 1810 öffnete sich der Hauptsaal für die Kurgäste zum ersten Mal.

Die ersten offiziellen Veranstaltungen des Hofes in den Räumen des neuen Gesellschaftshauses waren eng mit den politischen Ereignissen der Zeit verbunden: So feierte das mit Napoleon durch den Rheinbund in engen Beziehungen stehende Herzogtum Nassau die Bekanntgabe der Geburt von Napoleons Sohn, des so genannten „Königs von Rom", besser bekannt unter seinem späteren Titel „Herzog von Reichstadt", am 26. Mai 1811 als erstes offizielles Fest im Kurhaus mit einem von nicht weniger als 2000 Personen besuchten Freiball. Ein Jahr später, im Oktober 1812 wurde im Anschluss an die Nachricht über den Einzug Napoleons in Moskau ein großes Dankfest *für das fortdauernde Waffenglück des Kaisers von Frankreich und seiner Verbündeten* gefeiert.

Im März 1813 stattete sogar die französische Kaiserin Marie Louise Wiesbaden und seinem Kurhaus einen „gnädigen Besuch" ab. Ein Ball wurde aus diesem Anlass allerdings nicht ausgerichtet, ihr Gatte zog es vor, sich um die Schanzarbeiten am Rheinufer zu kümmern, war doch mit Siegen der neu verbündeten Preußen und Russen zu rechnen.

Wie wenig all dies Napoleon letztendlich genützt hat, sollte der weitere Verlauf der Geschichte erweisen. Ab November 1813 – die nassauischen Souveräne waren am 16. des Monats auf die Seite der alliierten Preußen, Österreich und Russland gewechselt – sollten es nunmehr die Gegner Napoleons sein, die im Wiesbadener Kurhaus tanzten: Beim Ball der Offiziere des Yorckschen Korps im großen Saal des Kurhau-

Der Kurhaussaal um 1850. – Zeitgenössischer Stich.

ses, an dem auch König Friedrich Wilhelm III. von Preußen teilnahm, ließ man freilich den nassauischen Herzog, nachdem er kaum erst die Seiten gewechselt hatte, die ganze preußische Abneigung spüren. Doch als die nassauische Regierung nur zwei Wochen später einen festlichen Ball zu Ehren des Geburtstags von Feldmarschall Blücher ausrichten ließ, begann langsam das „Tauwetter" zwischen den noch kurz zuvor auf unterschiedlichen Seiten kämpfenden Mächten!

Es war im gleichen Jahr 1813, dass in einem Leipziger Verlag ein Lehrgedicht mit dem Titel „Die Heilquellen am Taunus" erschien; verfasst wurde es vom Frankfurter Geheimrat Johann Isaak von Gerning, das der Autor, der seit Jahren mit Johann Wolfgang von Goethe bekannt war, dem Weimarer Dichterfürsten umgehend zukommen ließ. Für diesen, schon länger entschlossen, *den lieben Rheinstrom* einmal wiederzusehen, aber bislang durch die Kriegswirren an der Reise gehindert, trug das Büchlein mit Sicherheit dazu bei, dass Goethe 1814 eine Badereise in die junge Residenz- und Badestadt Wiesbaden unternahm. Der Aufenthalt Goethes daselbst kann für die Entwicklung der Kurstadt nicht hoch genug bewertet werden, sollte er doch dazu verhelfen, dass sich die Stadt von dem von den übrigen Taunusbädern gepflegten Vorurteil, Wiesbaden sei wohl eher ein „Kleine-Leute-Bad", mit einem Schlage befreite.

Goethe als Kurgast

Gleich mehrere Gründe gab es für den Weimarer Dichterfürsten, sich im Jahr 1814 zur Kur nach Wiesbaden zu begeben. Zum einen war es nach den Befreiungskriegen erstmals wieder möglich, in seine alte Heimat zu reisen, ohne Angst haben zu müssen, in Kriegshandlungen verwickelt zu werden; zum anderen hatte in ihm die 1813 von Johann Isaak von Gerning veröffentlichte Abhandlung „Die Heilquellen am Taunus" Lust auf einen Besuch der Taunusbäder geweckt. Goethe reiste also im Sommer 1814 über Frankfurt nach Wiesbaden, wo er zunächst im „Adler", dann im „Bären" logierte. Hier in Wiesbaden beging er seinen 65. Geburtstag – mit Feiern in Schloss Biebrich und im Kurhaus. In diese Zeit fällt seine Beschäftigung mit der persischen Lyrik des Hafis, die ihn zur bedeutenden Alterslyrik des

„West-Östlichen Divan" inspirierte. Damals kam es auch zu der folgenreichen Begegnung mit Marianne Jung, verehelichter von Willemer, die ihn zu den schönsten Gedichten der Divan-Sammlung anregen sollte. So ist unter anderem das für Goethes Spätwerk so zentrale Gedicht „Selige Sehnsucht" während dieses Aufenthalts in Wiesbaden entstanden.

War es die angenehme Atmosphäre der Kurstadt oder war es seine „Muse" Marianne von Willemer, dass sich Goethe im Jahr 1815 ein weiteres Mal von Juni bis August zur Kur in die Rhein-Main-Region aufmachte?

Nachhaltig bedeutsam wurden Goethes Aufenthalte in Wiesbaden durch den Einfluss, den er auf die Gründung eines Museums in der noch jungen Residenzstadt nahm. In seiner 1816 erschienenen Abhandlung „Über Kunst und Alterthum in den Rhein und Mayn-Gegenden" findet sich eine Idee Goethes, die schließlich auch realisiert wurde: *Schon haben mehrere Freunde der Kunst, der Natur und des Alterthums sich unterzeichnet, eine Gesellschaft zu bilden, welche sowohl überhaupt als besonders für die Gegend um alles Merkwürdige bemüht wäre. Herr von Gerning, ..., möchte wohl zu bewegen sein, seine reiche Sammlung hierher zu versetzen, und einen Grund zu legen, worauf die Gunst des Fürsten und die Bereitwilligkeit manches dankbaren Fremden gewiss mit Eifer fortbauen würde.* 1825 wurde die Gerningsche Sammlung gegen Zahlung einer Leibrente zum Grundstock des Wiesbadener Museums.

Die Besuche Goethes machten den Verantwortlichen in der Sanitäts- wie Bau- und Chausseekommission deutlich, was der aufstrebenden Kurstadt noch fehlte: ein Badehaus der Extraklasse, um *Gäste von hohem und höchstem Rang* angemessen unterbringen zu können. Dies sollte sich rasch ändern.

Ein Badehaus der Extraklasse

Christian Zais hatte schon bei seinen Überlegungen für ein neues Kurhaus Ideen entwickelt, an der Wilhelmstraße gegenüber dem neuen Gesellschaftshaus und seinem vorgelagerten, durch Kolonnaden begrenzten Bowling Green eine neue Platzanlage zu schaffen. Mit diesem Platz wollte Zais die Nahtstelle schaffen auf der einen Seite zwischen dem neuen Kurzentrum mit Gesellschaftshaus und Park und auf der anderen Seite dem alten Kur- und Badeviertel um den Kochbrunnen: Streng axial auf das Kurhaus ausgerichtet, sollte der Platz gerahmt werden von repräsentativen Gebäuden wie einem neuen Badehaus und einem Theater.

Nahezu zeitlich parallel mit der Errichtung des Kurhauses entstanden an der neuen Platzanlage zunächst ein Wohnhaus, das sich Zais für die eigene Familie baute, mit breit vorgelagerter Freitreppe und einem Gasthaus, das rasch unter dem Namen „Nassauer Hof" bekannt wurde. Zwei große Grundstücke an der Wilhelmstraße, vorgesehen für das neue Badehaus und ein Theater, mussten vorerst unbebaut bleiben, da nicht zuletzt die Kriegsbelastungen, aber auch jene Belastungen, die die Folge der zahlreichen bisherigen Bauaktivitäten in der Residenzstadt waren, keinen finanziellen Spielraum für weitere diesbezügliche Aktivitäten zuließen. Zais ging deshalb den unternehmerisch mutigen Schritt, den Bau des Badehauses in eigener Regie zu errichten. Für das Haus, das für rund 150 Zimmer mit Badeanlagen geplant war, veranschlagte er nahezu die gleiche Summe, die der Bau des Kurhauses verschlungen hatte. Zur Saison 1821 konnte eröffnet werden. *Es dürfte in Deutschland schwerlich ein Badehaus geben, das diesem an die Seite zu stellen wäre*, ist nur einer der zahlreichen Kommentare, die sich, kaum hatte das Haus eröffnet, in den Briefen verschiedener Kurgäste finden. Zum ersten Mal gab es in Wiesbaden nun ein Badehaus, das auch Gesellschaftszimmer und Appartements für Wintergäste besaß, also beheizbare Räume aufwies – daher auch der Name „Vier Jahreszeiten". Besonders der Blick, der sich den Kurgästen aus den Zimmern im ersten Stock auf das Kurhaus und die Wilhelmstraße bot, war von besonderem Reiz. So blieb das Haus bis zu seiner Zerstörung bei einem Luftangriff am 2. Februar 1945 die führende Adresse in der Kurstadt.

Zais selbst sollte übrigens die Eröffnung des Hauses nicht mehr erleben. Die bisherigen Badewirte im Quellenviertel hatten nichts unversucht gelassen, ihn daran zu hindern, an Thermalwasser aus den heißen Quellen zu gelangen. Es wurde nicht nur vor Gericht prozessiert, des nachts wurden heimlich Kanäle zugeschüttet bzw. umverlegt, man intrigierte und lästerte nach allen Regeln der Kunst. Da nimmt es denn nicht Wunder, dass Zais' Gesundheit den Belastungen und Aufregungen nicht stand hielt, so dass er, gerade einmal 50 Jahre alt, plötzlich und unerwartet im April 1820 wahrscheinlich einem Herzinfarkt erlag. Es waren seine Frau und seine Kinder, denen es gelang, das Projekt schließlich doch noch zu einem für die Familie guten Ende zu bringen.

Theaterbau und Kurhaus-Kolonnaden

Mit dem Tod von Christian Zais kamen zunächst auch die weiteren Planungen für das neue Kurviertel zu einem Stillstand. Erst 1825 wird an der Nordseite des Platzes, quasi als Pendant zu den „Vier Jahreszeiten", mit dem Bau eines Theaters begonnen. Da man leider auf einen Baumeister vom Rang eines Christian Zais, der im Stande gewesen wäre, eigene Ideen zu entwickeln, nicht zurückgreifen konnte, hielt man sich lieber an bereits Vorhandenes: Das kurz zuvor in Aachen gebaute Theater, das die Handschrift Karl Friedrich Schinkels trug, sollte dem neuen herzoglich nassauischen Hoftheater als Vorbild dienen.

Das neue Haus, es bot rund 1000 Personen Platz, eröffnete im Sommer 1827 mit Carl Maria von Webers „Jubelouvertüre" und Gasparo Spontinis Oper „Die Vestalin". (Einige Jahre zuvor hatte man sich, nebenbei bemerkt, an Weber bezüglich einer Verpflichtung nach Wiesbaden gewandt, doch waren diese Verhandlungen schließlich gescheitert, da Herzog Friedrich August nicht willens war, auf Webers Gehaltsforderungen einzugehen.)

Im Sommer 1827, also zum gleichen Zeitpunkt, konnten auch die nördlichen Kolonnaden eingeweiht werden. Seit der Eröffnung des Kurhauses war immer wieder laut darüber nachgedacht worden, das Gesellschaftshaus durch einen gedeckten Gang mit der Wilhelmstraße bzw. der Stadt zu verbinden. Die Diskussionen verstärkten sich, nachdem das Hotel „Vier Jah-

Das nassauische Hoftheater. – Stahlstich von R. Dawson nach einer Zeichnung von J. F. Dielmann, 1844.

reszeiten" eingeweiht und der Grundstein für das herzogliche Theater gelegt worden waren, wollten doch die Kurgäste auch bei schlechtem Wetter trockenen Fußes von einem Gebäude zum anderen gelangen. Dieses Manko wurde endlich mit der Anlage der nördlichen Kolonnaden beseitigt. Dieses Gebäude – es wies 46 dorische Säulen und zwei Eckpavillons auf – bot darüber hinaus 52 neuen Kramläden eine ästhetisch ansprechende Unterkunft. Es sollte allerdings bis 1839 dauern, dass südlich des Bowling Greens in Anlehnung an die nördliche Reihe ein zweiter Kolonnadengang angelegt werden konnte.

Der Kochbrunnenplatz

In den 20er-Jahren kam es am Kochbrunnen und dem historischen Badeviertel ebenfalls zu Veränderungen und Erneuerungen. Bereits die oben erwähnte neue Sanitätskommission,

Das Hotel Vier Jahreszeiten und der Theaterplatz. – Zeitgenössischer kolorierter Stich.

aber auch landesfremde Stimmen waren zu dem Ergebnis gelangt, man habe zwar *jenen, welche neue Häuser bauten* [an der Friedrich- oder Wilhelmstraße; d. Verf.], *Prämien von tausend Gulden bewilligt; aber zur Verschönerung des Hauptbrunnens und seiner Umgebung hat man keinen Batzen verwandt.* Es sei wahrhaft zu bedauern, dass man *nicht getrachtet hat, dem Kochbrunnen, welcher für Wiesbaden das ist, was die Kaiserquelle für Aachen, eine würdigere Umgebung zu verschaffen.* Neben der mangelhaften baulichen Situation in der Umgebung des Kochbrunnens war darüber hinaus kritisiert worden, dass der Brunnen nicht bedeckt und deshalb immer wieder Unrat im Wasser zu finden sei. *Wie soll ein Kurgast solches Wasser vor Ekel trinken können?,* fragte der bayerische Medizinalrat Dr. Wetzler in seinem 1819 erschienenen Buch über Gesundbrunnen und Heilbäder. Dies musste den Nerv der Stadt treffen, die seit Beginn des 19. Jahrhunderts zunehmend auch die Trinkkur in Wiesbaden bewarb.

Die Wannenbadkur, wie sie in Wiesbaden bislang vor allem praktiziert wurde, war aufwändig, verlangte vom Gast

54

Das Kurhaus und der Bowling Green, gerahmt durch die Kolonnaden. – Zeitgenössischer kolorierter Stich.

mithin mehr Zeit (und obendrein war sie kostenträchtiger). Als im frühen 19. Jahrhundert die bürgerliche Gesellschaftskur Mode zu werden begann, erwies es sich allerdings als notwendig, in der nassauischen Hauptstadt die Trinkkur fest zu etablieren, denn Wiesbaden hatte nicht mehr nur mit den Taunusbädern der Nachbarschaft, sondern auch mit den neuen Modebädern in Baden und Böhmen in Konkurrenz zu treten. Diese Trinkkur zu ermöglichen, war jedoch eng an eine Veränderung der Rahmenbedingungen geknüpft. Zum einen waren Brunnenärzte von Nöten, die die physiologische Wirkung des Wassers und seine Indikationen wissenschaftlich beschrieben, es musste aber auch sichergestellt werden, dass sich das Wasser stets in jenem Zustand befand, der den Kurgästen erlaubte, es direkt vor Ort zu trinken; hierfür erwies sich eine Abdeckung der Quellen mithin als unerlässlich. Fernerhin mussten Plätze zum Flanieren in unmittelbarer Nähe der Quellen geschaffen werden, die die Möglichkeit boten, sich auch bei schlechtem Wetter im Freien aufzuhalten. Zudem war es wünschenswert, sich um ein höheres Angebot an Veranstaltungen zu bemühen, galt es doch, dem Bedürfnis der Kurgäste nach mehr „Amusement" in ihrer freien Zeit zu entsprechen.

Es ist bemerkenswert, in welch kurzer Zeit sich alle diese „Verbesserungen" in die Tat umsetzen ließen. Wurde noch 1822 über den Kochbrunnen gejammert, *der für den Anblick der Kurgäste ein Skandal* sei, so sollte sich die Situation in nur zwei Jahren komplett ändern: Bis 1823 wird der Kochbrunnen neu gefasst und vor Unrat geschützt sowie eine neue Akazienallee zum Flanieren in Richtung Taunusstraße angelegt. In unmittelbarer Nähe des Kochbrunnens errichtet man eine hölzerne Kolonnade, und täglich, von 6–8 Uhr morgens, spielt der Stadtmusikus mit seinen Gehilfen zur Unterhaltung des Publikums auf. Die Entwicklung der Kurstadt Wiesbaden im Laufe des 19. Jahrhunderts kann man vielleicht am besten an der Entwicklung des Kochbrunnenplatzes ablesen, hatte doch stets eine bemerkenswerte Wechselwirkung zwischen der Stadt im Ganzen und ihrem historisch wohl wichtigsten Platz bestanden.

Mit der Anlage des neuen Kurviertels am Rande der Stadt und den Veränderungen am historischen Quellenviertel durch die Einführung der Trinkkur waren damit städtischerseits alle Voraussetzungen geschaffen, um die Kur- und Badestadt Wiesbaden in ein neues Zeitalter zu führen: Das bescheidene Kurbad von eher regionaler Bedeutung, als das Wiesbaden im 18. Jahrhundert noch ohne Zweifel gesehen werden muss, hatte sich bereits um 1825 zur klassizistischen Badestadt gewandelt, die den Vergleich mit den übrigen Kurstädten Deutschlands wahrlich nicht mehr zu scheuen brauchte. Wiesbaden hatte, wenn man insbesondere an die Gesamtanlage des Kurhauses und seiner Umgebung denkt, vielmehr geradezu zum Muster eines eleganten Badeortes mutiert, das zum Vorbild vieler anderer Badestädte wurde.

Per Eisenbahn oder Dampfschiff nach Wiesbaden

Zum Aufblühen der Kurstadt in der ersten Hälfte des 19. Jahrhunderts trugen vor allem auch die Verbesserung des Verkehrswegenetzes sowie die frühe Anbindung der Rheinschiff-

Ansicht Wiesbadens von Südosten; im Vordergrund der Taunusbahnhof und die Rheinstraße. – Zeitgenössischer Stich von W. Lang nach einer Zeichnung von J. F. Dielmann.

fahrt an Wiesbaden und ganz allgemein das entstehende Eisenbahnnetz in Nassau bei. Als entscheidender Schritt darf die Fertigstellung einer direkten Straßenverbindung nach Frankfurt im Jahr 1813 gelten. (In den Jahren nach den Befreiungskriegen kamen nämlich die meisten Kurgäste direkt aus Frankfurt oder sie reisten, aus der Mitte Deutschlands kommend, zumindest über Frankfurt weiter nach Wiesbaden.) Nur wenige Jahre später sollte der Ausbau der Uferstraße entlang des Rheins bis Rüdesheim erfolgen, so dass von diesem Zeitpunkt an der 1803 dem Territorium Nassaus eingegliederte Rheingau an Wiesbaden und darüber hinaus an Frankfurt als „angeschlossen" gelten kann. Diese Wegeverbindung lieferte, so darf man mit Fug und Recht behaupten, die erste verkehrstechnische Voraussetzung für die Rheinromantik und den beginnenden Rheintourismus.

Eine weitere Steigerung der Gästezahlen sollte Wiesbaden dann nach der Anbindung an die Dampfschifffahrt auf dem Rhein erzielen. 1827 hatte die Kölner Dampfschifffahrtsgesellschaft den Verkehr zwischen Köln und Mainz aufgenommen, und von diesem Zeitpunkt an stiegen die Besuchszahlen von Engländern und Niederländern deutlich. Wollten die Gäste jedoch weiter nach Wiesbaden reisen, bedeutete dies, dass sie im Anschluss an die Schiffsreise vom hessischen Mainz aus den Rhein zu überqueren hatten. So stellte es sich im Nachhinein als einen geschickten Schachzug heraus, dass sich der nassauische Herzog Wilhelm im Jahr 1836 durch den Erwerb von Aktien direkt an der Gründung einer Düsseldorfer Dampfschifffahrtsgesellschaft beteiligte. Auf diese Weise hatte der Herzog nämlich einen Trumpf in der Hand und konnte darauf hinwirken, dass die Schiffe nun direkt in Biebrich anlegten, was für die Kurgäste den Vorteil bot, dass sie künftig also ohne den Umweg über Mainz einschlagen zu müssen, über die nach und nach zu einer Prachtallee ausgebaute Straßenverbindung Biebrich–Wiesbaden rasch in den Badeort gelangen konnten. 1839 eröffnete außerdem auch noch die Niederländische Dampfschifffahrtsgesellschaft ihren Dienst; für die Gäste bestand somit die Möglichkeit von Mai bis Oktober zwischen mehreren Terminen am Tag zu wählen, wollten sie mit dem Schiff von und nach Wiesbaden reisen. 1840 nahm zudem die Taunuseisenbahn zwischen Frankfurt und Wiesbaden ihren Betrieb auf, woraufhin die Entwicklung des Badeorts Wiesbaden einen zusätzlichen Schub erhielt: Hatte die Thurn und Taxis'sche Postkutsche im Jahr 1839 noch knapp 28 000 Reisende befördert, so transportierte die Eisenbahn 1841, also nur zwei Jahre später, bereits rund 77 000 Fahrgäste. Freilich, so muss man einräumen, handelte es sich nur bei einem Bruchteil der Reisenden tatsächlich um *Kurgäste*. Denn mit der Eröffnung der Taunusbahn sprechen die Statistiken zwar von einem Anstieg von rund 23 000 Kurgästen bis 1839 auf rund 30 000 ab dem Jahre 1840; nicht erfasst sind in diesen Statistiken aber die vielen Tages-/Nachmittagsgäste, denen die Fahrtdauer von Frankfurt nach Wiesbaden in der Bahn von rund 1 ¼ Stunden die Gelegenheit zu einem Kurzbesuch bot, wie er in den Zeiten der Postkutsche schlechterdings nicht vorstellbar gewesen wäre.

Die neue Hauptstadt

Bei aller Bedeutung, die die Kur für Wiesbaden genoss, darf aber nicht vergessen werden, dass die Stadt seit 1806 vor allem zur Hauptstadt eines jungen Herzogtums geworden war, sie eben auch allen Erfordernissen einer Haupt- und Residenzstadt Rechnung zu tragen hatte: So wie am nördlichen Ende der Wilhelmstraße ein neues Kur-Viertel entstand, erwuchs sozusagen an deren südlichem Ende und den Seitenstraßen als Pendant ein neues „Regierungs"-Viertel mit Erbprinzenpalais (1813–1817), Regierungsgebäude mit Thron- bzw. Ständesaal und Deputiertenkammer (1838–1843) sowie zahlreichen weiteren Verwaltungsgebäuden, aber auch Wohnhäusern für Beamte und Regierungsangestellte.

Das neue Herzogtum, das durch die Rheinbundakte gegründet worden war, sollte im Zuge des Wiener Kongresses seine Bestätigung auch über die napoleonische Zeit hinaus finden. Die wichtigste Aufgabe für den Potentaten bestand nun darin, diesem neuen Staatsgebilde „Leben" einzuhauchen. Der 1806 zum Herzog erhobene Friedrich August von Nassau-Usingen und sein designierter Nachfolger Friedrich Wilhelm von Nassau-Weilburg konnten sich dabei auf fähige Minister und Berater wie den Freiherrn Ernst Marschall von Bieberstein, Freiherrn Hans Christoph von Gagern oder Carl von Ibell stützen. Als Meilensteine auf dem Weg Nassaus zu einem modernen Staatswesen sind mehrere bedeutende, ja bahnbrechende Neuerungen zu nennen, als das waren die Verwaltungsreform, die Aufhebung der Leibeigenschaft, die Einführung einer Brandversicherung, eine Steuerreform mit Wegfall der Privilegien des Adels, Pressefreiheit und, was besonders herausgestellt zu werden verdient, die erste Verfassung im Deutschen Bund überhaupt.

Als Herzog Friedrich August im März 1816 starb, bestieg der erst 23 Jahre alte Wilhelm von Nassau-Weilburg als Herzog den Nassauer Thron, durch den die Erbfolge von Nassau-Usingen auf Nassau-Weilburg überging. Dieser war gezielt auf sein Amt als Monarch vorbereitet worden durch den ausgezeichneten Erzieher Friedrich Freiherr von Dungern. Noch für

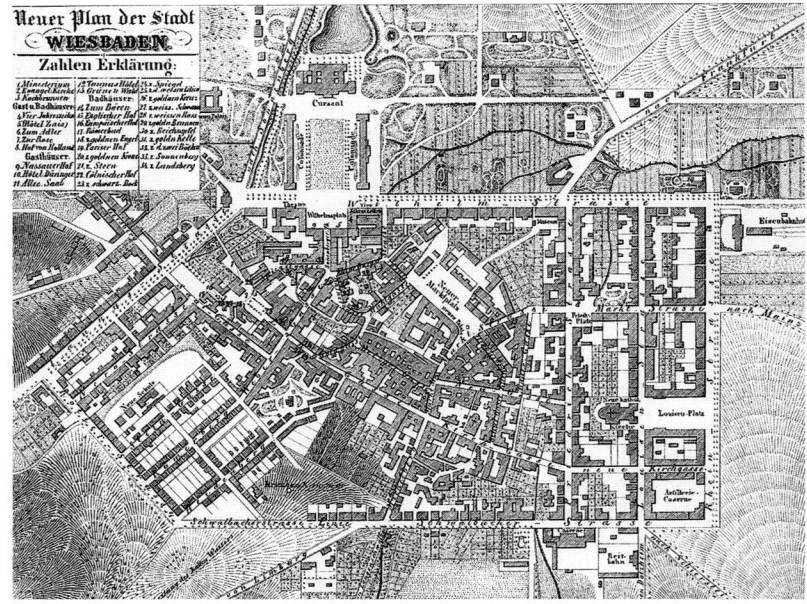

Die Straßen, die das „historische" Fünfeck bilden, sind deutlich zu erkennen. – Stadtplan, um 1850.

Wilhelm als Erbprinzen war ab 1813 an der Wilhelmstraße das bereits erwähnte Palais errichtet worden, das aber, da der junge Herzog mit seiner Familie direkt ins Biebricher Schloss übergesiedelt war, für die herzogliche Familie ohne Nutzen blieb und deshalb zur Bibliothek und vor allem zum ersten Museum Wiesbadens umfunktioniert wurde. Der junge nassauische Staat, der ja aus den unterschiedlichsten Territorien gebildet worden war, versuchte mit der „Sammlung nassauischer Altertümer" zum einen die Bildung der Untertanen durch den Museumsbesuch zu heben, aber durchaus auch so etwas wie eine Form von Legitimation für sich zu finden. Herzog Wilhelm hatte es nicht ohne Grund vorgezogen, im Biebricher Schloss zu residieren, denn dessen barocke Anlage dürfte in weit höherem Maße seinem autokratischen Regierungsstil und absolutistischen Selbstverständnis entsprochen haben (wiewohl er das Innere des Schlosses klassizistisch um-

60

gestalten und auch die Gartenanlage durch den berühmten Friedrich Ludwig von Sckell im „bürgerlichen" englischen Stil anlegen ließ). Deshalb fehlt, was ja durchaus eher ungewöhnlich anmutet, der eigentlich zum residenzstädtischen Gebiet gehörende fürstliche Hof. Dies sollte sich freilich unter seinem Nachfolger ändern.

Wie auch schon sein Vater, so sollte Herzog Wilhelm ebenfalls in sehr jungen Jahren sterben. Während eines Kuraufenthalts 1839 in Bad Kissingen erlitt der erst 47 Jahre alte Herzog einen Schlaganfall, dem er erlag. Mit Wilhelms 22-jährigem Sohn Adolph bestieg wiederum ein sehr junger Fürst den nassauischen Thron. Der neue Herzog schlug sein Domizil im November 1841 in Wiesbaden auf, denn in den Jahren 1837 bis 1841 war am Marktplatz durch den Darmstädter Baumeister Georg Moller ein „Herzogliches Haus am Markt" errichtet worden, dem nun der Rang einer Hauptresidenz zu Teil wurde, während Biebrich fortan den Charakter eines Sommerschlosses trug.

Wiesbaden und die Russen

Der Vater, Herzog Wilhelm von Nassau, war in zweiter Ehe mit Pauline von Württemberg verheiratet; über deren Schwester Helene, die wiederum mit Großfürst Michael von Russland verheiratet war, bestand ein enger Kontakt zum Zarenhaus. Diese familiären Beziehungen sollten durch eine Heirat Nassau-Russland intensiviert werden. Für das kleine Herzogtum am Rhein war darüber hinaus auch die für eine russische Großfürstin traditionelle Mitgift von 1 000 000 Goldrubeln sehr willkommen. Der Hochzeit im winterlichen St. Petersburg folgte die Reise nach Westen mit Stationen bei den verschiedenen fürstlichen Verwandten; schließlich, im März 1844, fand der feierliche Einzug in die Hauptstadt des Bräutigams statt. Auf der Wilhelmstraße hatte man einen Triumphbogen errichtet und ganz Wiesbaden stand in den Straßen des Zugwegs Spalier. Nur neun Monate später mussten die Einwohner der Hauptstadt allerdings erneut Spalier stehen – nun freilich, um der toten Fürstin die letzte Ehre zu erweisen. Die gerade 18 Jahre alte Großfürstin, wahrscheinlich schon seit längerem an der Lungentuberkulose leidend, hatte schon die Schwangerschaft kaum verkraftet, sodass die Geschwächte bei der Geburt des Kindes zusammen mit diesem verstarb.

Da sich die Familie der Braut großzügig erwies und die Mitgift – wie sonst durchaus üblich – nicht zurückforderte, wurde stattdessen beschlossen, der jung verstorbenen Herzogin und ihrem Kind eine angemessene Grablege zu errichten. Ein noch junger Architekt, Philipp Hoffmann(1806–1889), wurde eigens nach Russland entsandt, um dort den russischen Kirchenbau zu studieren. Außerdem hatte er den Auftrag, im engen Kontakt mit der Familie der Verstorbenen, deren Anregungen zu berücksichtigen.

So konnte zehn Jahre nach dem Tod der Herzogin die Russisch Orthodoxe Kirche im Mai 1855 geweiht werden. Der eindrucksvolle Sarkophag aus italienischem Marmor, der in einer Seitenkapelle der Kirche aufgestellt ist, wurde von dem

Die 1855 eingeweihte Russische Kirche auf dem Neroberg. – Zeitgenössischer Stich von Wagner nach einer Zeichnung von Voddiggel.

Umfeld der Berliner Bildhauerschule des Christian Daniel Rauch zuzurechnenden Emil Hopfgarten (1821–1859) geschaffen. In der Folgezeit wurde die Kirche rasch zu *dem* Wahrzeichen Wiesbadens schlechthin.

Mit Herzogin Elisabeth waren einst auch mehrere Mitglieder ihres Hofstaats nach Wiesbaden gekommen – mithin der Anfang einer langen Tradition russisch-Wiesbadener Verbindungen. Auch nach dem Tod der Herzogin sollte der Kontakt zwischen dem Wiesbadener und dem St. Petersburger Hof sehr wohl fortbestehen. Die Kurstadt Wiesbaden wurde schnell zur festen Adresse für viele Russen, die sich auf eine Reise nach Westeuropa begaben. Einige von ihnen blieben auch in Wiesbaden. Großfürstin Helene hatte deshalb die Idee, für all jene, die fern der Heimat starben, in unmittelbarer Nachbarschaft zur Kirche auf dem Neroberg auch einen russisch-orthodoxen Friedhof anlegen zu lassen. Die Kurstadt Wiesbaden wurde aber auch rasch Thema in der russischen Nationalliteratur: Dostojewski verewigte Wiesbaden als „Roulettenburg" in seinem Roman „Der Spieler" (1866), Turgenjew wählte die Stadt als zentralen Schauplatz seiner Novelle „Frühlingsfluten" (1872).

Nach der russischen Revolution im Jahr 1917 wurde Wiesbaden erneut zum Anlaufpunkt zahlreicher Exilrussen. Berühmtestes Mitglied der russischen Gemeinde im frühen 20. Jahrhundert war sicher der Maler Alexej von Jawlensky, der seit 1921 in Wiesbaden lebte und nach seinem Tod im Jahr 1941 auf dem russischen Friedhof seine letzte Ruhestätte fand.

Einen Höhepunkt der russisch-Wiesbadener Beziehungen in jüngster Zeit bildete der 7. Petersburger Dialog, ein Dialogforum zur Verbesserung der deutsch-russischen Zivilgesellschaften, das im Jahr 2007 in Wiesbaden ausgerichtet wurde.

Sakralbauten in Wiesbaden

Es muss den Besucher der Stadt verwundern, dass trotz 2000-jähriger Geschichte – und sogar einer durch Funde von Grabsteinen u. ä. nachgewiesenen frühchristlichen Gemeinde des 5. Jahrhunderts – es keine einzige Kirche im Gebiet der Kernstadt gibt, die auf ein höheres Alter als 160 Jahre zurückzublicken vermag. Die historische Mauritiuskirche – sie war über Jahrhunderte die Pfarrkirche der Stadt – wurde neben den Kirchen in Usingen und Idstein als Grablege verstorbener Mitglieder des Fürstenhauses genutzt, bevor sie im Sommer 1850 durch ein bei Spenglerarbeiten ausgebrochenes Feuer bis auf die Grundmauern niederbrannte. Ein Jahr zuvor war die erste katholische Kirche geweiht worden, die nun auch die verwaiste protestantische Gemeinde aufzunehmen hatte. Für die Letztere wurde nun, zwar nicht an der alten Stelle, sondern in unmittelbarer Nähe zu Schloss und Rathaus eine neue evangelische Kirche, die Marktkirche, errichtet – quasi als protestantischer Landesdom des Herzogtums, die 1862 geweiht wurde.

In der Zwischenzeit war auf dem Neroberg 1855 die russische Kirche geweiht werden, 1865 folgte die Weihe der anglikanischen Kirche; der noch in nassauischer Zeit begonnene Bau der Synagoge konnte erst in preußischer Zeit vollendet und 1869 geweiht werden. (In der Reichspogromnacht, am 9. 11. 1938, wurde das jüdische Gotteshaus Opfer des NS-Mobs.) Die Vielfalt der Religionen und Konfessionen, die seit dem 19. Jahrhundert in Wiesbaden durch beeindruckende Sakralbauten vertreten sind, waren nicht zuletzt der Idee der Weltkurstadt geschuldet. Der Architekt Philipp Hoffmann muss dabei als der wichtigste Baumeister für sakrale Räume in der Region genannt werden, gehen doch auf seine Planungen sowohl die katholische Bonifatiuskirche wie auch die russisch-orthodoxe Kirche und die jüdische Synagoge zurück.

Anton Chabert und die Spielbank

Der Aufschwung, den die Kur- und Residenzstadt in den ersten Jahrzehnten des 19. Jahrhunderts erfuhr, hielt ungehindert an. Gäste aus aller Welt weilten mittlerweile in der Stadt zu Besuch, wobei es Wiesbaden weiterhin gelang, mit dem zweiten bedeutenden deutschen Kurbad des 19. Jahrhunderts, Baden-Baden, Schritt zu halten. Als in Frankreich nach der Julirevolution von 1830 die Spielbanken geschlossen wurden, wanderte das am Spiel interessierte Publikum ins benachbarte Deutschland, vor allem in das nahe gelegene Baden-Baden, das dadurch einen unglaublichen Aufschwung erlebte. Freilich suchten nicht nur die Spieler, sondern auch die Spielbankpächter neue Wirkungsstätten. So kam es, dass Anton Chabert aus Straßburg 1835 Pächter der Wiesbadener Spielbank wurde, unter dessen Leitung sie zu einem regelrechten Großbetrieb aufstieg. Dessen Erträge übertrafen den Gesamtetat der Stadt bei Weitem und wurden freigiebig genutzt, um die Stadterneuerung voranzutreiben. Die Investitionen in Kurgebäude und -anlagen tätigte Anton Chabert nicht ganz uneigennützig, sondern sicher auch mit dem Hintergedanken, dass das elegante Publikum nur durch Luxus zu beeindrucken und zu halten war. Diese vorausschauende Geschäftspolitik sollte sich für ihn dabei in jeder Hinsicht auszahlen: Als sich Anton Chabert 1847 nämlich vorzeitig von seinem Vertrag entbinden ließ, konnte er sich mit einem Vermögen von nicht weniger als sieben Millionen Goldmark – damals eine ungeheure Summe – ins Privatleben zurückziehen.

Revolution

Freilich sollte nicht vergessen werden, dass die wirtschaftliche und gesellschaftliche Blüte, die die Residenz- und Kurstadt Wiesbaden in der ersten Hälfte des 19. Jahrhunderts erlebte, nicht auf das gesamte Herzogtum übertragen werden darf. Fast genauso lange, wie das Herzogtum überhaupt bestand, tobte zwischen dem jeweiligen Herzog und den Deputierten des Landtags ein Streit, wem die finanziellen Erträge der Domänen des Landes zufließen sollten: Die herzogliche Familie betrachtete diese als Privatbesitz, für die Abgeordneten waren sie Landesbesitz, der zur Finanzierung von Staatsausgaben herangezogen werden sollte.

Auch darf der Wohlstand, der in Wiesbaden zur Schau getragen wurde, natürlich nicht über die Lebensverhältnisse der einfachen Bevölkerung in den ärmeren Gebieten Nassaus hinwegtäuschen. Auswanderungen ganzer Dörfer im rohstoffarmen Westerwald und im hinteren Rheingau waren keine Seltenheit. Den Höhepunkt der Auswanderungswelle bildete die Gründung des „Vereins zum Schutze deutscher Einwanderer in Texas", der 1842 in Schloss Biebrich gegründet wurde und dessen Schirmherr Herzog Adolph war. Ziel des Vereines war es, ... *die deutsche Auswanderung, so viel als möglich nach einem einzigen, günstig gelegenen Punkte hinzuleiten, die Auswanderer auf der weiten Reise zu unterstützen und nach Kräften dafür zu wirken, dass ihnen jenseits des Meeres eine neue Heimat gesichert werde.*

In unmittelbarer Folge der Februarrevolution 1848 in Frankreich setzten auch in Deutschland Aufstände ein. Den Auftakt hierzu bildeten nicht zuletzt die Ereignisse in der Hauptstadt Wiesbaden: Bereits am 1. März 1848 wurden unter Federführung des liberalen Politikers August Hergenhahn neun „Forderungen der Nassauer" formuliert (1. Volksbewaffnung; 2. Pressefreiheit; 3. Einberufung eines deutschen Parlaments; 4. Vereidigung des Militärs auf die Verfassung, 5. Vereinigungsfreiheit; 6. Öffentlichkeit der Schwurgerichtsverfahren; 7. Umwandlung der Domänen in Staatseigentum; 8. Wahlrecht für alle Bürger; 9. Religionsfreiheit), um schon am folgenden Tag von Wiesbaden aus durch Flugblätter und Mundpropaganda im ganzen Land bekannt gemacht zu werden.

In Wiesbaden erlebte die Revolution ihren Höhepunkt, als sich am 4. März nahezu 30 000 Menschen vor dem Stadtschloss versammelten, um für die Forderungen der Nassauer zu demonstrieren. Herzog Adolph, der sich in diesen Tagen in Berlin aufhielt, war eilends nach Wiesbaden zurückgekehrt, um durch sein öffentliches Versprechen vom Balkon des Stadtschlosses die Forderungen seiner Untertanen zu erfüllen, die die Radikalisierung der Massen verhindern sollte. Hierdurch wurden unter anderem Volksbewaffnung, Pressefreiheit, Einberufung eines Parlaments sowie Vereinigungs- bzw. Religionsfreiheit zugesichert. Nach der Verkündigung der Pressefreiheit erschienen im Herzogtum innerhalb weniger Wochen sage und schreibe 13 politische Zeitungen, davon fünf allein in Wiesbaden.

Am 16. April 1848 wurde der „Revolutionär" August Hergenhahn (1804–1874) sogar zum Ministerpräsidenten des Herzogtums ernannt, unter dem in der Folge einige weitere fortschrittliche Gesetze verabschiedet wurden. Doch im Sommer

Der Aufmarsch der Nassauer am 4. März 1848. – Holzstich von Ferdinand Nitzsche.

des folgenden Jahres erfuhr dieser frühe Versuch, in Deutschland eine parlamentarische Demokratie zu etablieren, durch die Reaktion eine gewaltsame Niederschlagung. Viele Revolutionäre flohen deshalb ins Ausland, andere ließen für die Freiheit ihr Leben, darunter auch der Mitbegründer des ersten Wiesbadener Arbeitervereins, der Badewirt Georg Böhning, der nach dem badischen Aufstand am 17. August 1849 in Rastatt standrechtlich erschossen wurde.

Eine Revolution ist der Kur ja wohl nie zuträglich: Zu sehr unterscheidet sich die revolutionäre, auf Veränderung zielende Aktion von dem in erster Linie Ruhe und Entspannung versprechenden Kurbesuch. Die Zahlen der Kurgäste in den Jahren 1848 und 1849 sprechen für sich. Wiesen die Kurlisten in den Jahren vor der Revolution knapp 15000 Fremde pro Saison auf, so sank deren Zahl in den Revolutionsjahren um über die Hälfte. Erst im Jahr 1851 erreichte sie mit 14000 Kurgästen wieder nahezu den Stand der Jahre vor der Revolution.

„Weltkurstadt Wiesbaden"

Waren es die Veränderungen im Stadtbild, die für diesen klangvollen Namen sorgten, oder war es nicht umgekehrt eher der klangvolle Name, der nach Veränderungen bzw. Verbesserungen im Stadtbild verlangte? Denn nahezu gleichzeitig kommt es zu Beginn der 1850er-Jahre, in jenem Zeitraum also, in dem Wiesbaden mit seinem neu-kreierten Titel „Weltkurstadt" beworben wird – ein Titel, den die Stadt unangefochten bis zum Ersten Weltkrieg führte –, zu zahlreichen Bau- und Umbaumaßnahmen sowohl im alten wie auch im neuen Kurviertel. Im Zusammenhang mit neuen Pachtverträgen für Kurhaus und Spielbank wird das Kurhaus erweitert und zahlreiche Säle erfahren eine Neugestaltung im klassizistischen Stil.

Das Glücksspiel erhält dadurch insofern eine neue Qualität, als fortan „großes" und „kleines" Spiel deutlicher voneinander getrennt sind. Mit einem Mal wird sogleich ablesbar, welcher gesellschaftlichen Schicht die Spieler angehören: Im hinteren Spielsaal dient der „Kommune"-Tisch den kleineren Einsätzen, im Roten Saal hingegen wird um Taler gespielt. Und im Weißen Saal, im Volk witzigerweise als „Klein-Californien" tituliert, liegt die Goldwährung auf den Spieltischen.

In diesen Jahren ließ man auch den Kurpark umgestalten. Dies war eine ambitionierte Aufgabe des Gartenarchitekten Carl Friedrich Thelemann, der bis zur Berufung in den naussauischen Dienst als Obergärtner am Botanischen Garten von St. Petersburg gewirkt hatte. In seinem Verantwortungsbereich lag die Erweiterung des Kurparks parallel zur Wilhelmstraße: die Kuranlagen am so genannten „Warmen Damm". Es wird nun vor allem Wasser zum Einsatz gebracht: Im Kurpark springt die große Fontäne zum ersten Mal 1856 auf; auf dem Bowling Green, dem stadtzugewandten Platz vor dem Kurhaus, der in einen Blumengarten umgewandelt wird, schuf man im gleichen Jahr zwei Wasserbecken mit Kaskaden. Und es erregte das große Erstaunen der Gäste, dass sich diese sogar durch eine integrierte Gasbeleuchtung in der Dunkelheit beleuchten ließen!

Zeitgleich errichtete man im alten Kurviertel eine neue Trink- und Wandelhalle. Zahlreiche Kurgäste, Deutsche wie

Ausländer, hätten sich, wie überliefert wird, beim Herzog ob des Fehlens einer stabilen Trinkhalle am Kochbrunnen beschwert. Dies schickte sich mitnichten für die „Weltkurstadt". Also baute man – quasi quer durch das alte Kurviertel – vom Kochbrunnen zur Taunusstraße und von dort weiter bis zum Kureck an der Wilhelmstraße eine hohe Wandelhalle, deren filigrane hölzerne Dachkonstruktion auf gusseisernen Säulen ruhte: ein Gebilde von hoher „Leichtigkeit und Zierlichkeit", das rasch zur besonderen Sehenswürdigkeit Wiesbadens aufsteigen sollte.

Parallel zu den Veränderungen in den Kurvierteln schritt man außerdem zur Realisierung eines Plans, der schon einige Jahre zuvor entwickelt worden war, der aber vor allem aufgrund der politischen Entwicklung nicht hatte umgesetzt werden können. Bereits 1843 war ein „Verein zur Verschönerung der Umgebung Wiebadens" gegründet worden, an dessen Spitze der Arzt und Besitzer des Hotels „Vier Jahreszeiten", Dr. Wilhelm Zais, ein Sohn des berühmten Architekten, stand. Dieser war im Jahr darauf mit einem *Plan zu einer*

Der Kranzplatz mit gusseiserner Wandelhalle, um 1860. – Zeitgenössischer Stich.

zusammenhängenden Anlage von Wiesbadens Umgebung mit Bezeichnung der schönsten Aussichten, Spaziergänge und Parthien, zugleich ein Wegweiser für Fremde an die Öffentlichkeit getreten: Die gesamte Umgebung, vor allem die ansteigenden Hügel des Taunus sollten, wie es diese Broschüre aufweist, zukünftig zu einem großen Landschaftspark mit Fuß- und Fahrwegen, Staffageelementen und Aussichtsebenen umgestaltet werden. Tatsächlich war bis in die 1830er-Jahre allein die unmittelbarste Umgebung des Kurparks erschlossen, insbesondere der Geisberg, dessen Ausflugslokal Goethe zu den Schenkenliedern seines „Divan" inspiriert haben soll, und die so genannte „Schöne Aussicht", ein Aussichtsplateau im Norden der Stadt. Mit der Errichtung eines Monopteros als Aussichtspunkt und – nur wenige Meter von diesem entfernt – dem Bau der Russischen Kirche wurde nun der Neroberg quasi als „Hausberg" für die Wiesbadener erschlossen. So war es nicht zufälliger Weise gerade an jenem Ort, dass die Stadt und ihre Bevölkerung im Jahr 1864 im Rahmen eines Volksfests das 25-jährige Regierungsjubiläum Herzog Adolphs feierten.

Wiesbadens letzte Jahre als nassauische Landeshauptstadt

Die Regentschaft Herzog Adolphs wurde zu diesem Zeitpunkt freilich schon überschattet durch die außenpolitischen Gegensätze zwischen der zu Österreich tendierenden Regierung und der sich an Preußen orientierenden Parlamentsmehrheit. Im preußisch-österreichischen Konflikt von 1866, der zum Krieg um die Vormacht in Deutschland führen sollte, stellten sich Herzog und Regierung auf die Seite des Habsburger Kaiserhauses, mobilisierten die Truppen und nahmen beim Frankfurter Bankhaus Rothschild einen „Kriegskredit" in Höhe von einer halben Million Gulden auf, während die liberale Opposition in der Ständeversammlung in Wiesbaden den Krieg samt einem Kriegskredit ablehnte. Weite Teile des städtischen Bürgertums, vor allem die Unternehmerschaft des Landes, unterstützten freilich weit eher eine enge Bindung an Preußen, das in den Fragen von Zöllen und Handel (Zollverein) eine Vorreiterrolle einnahm und naturgemäß für alle Gruppen, die an der Schaffung eines wirtschaftlichen Binnenmarkts und der Vereinheitlichung fiskalisch-ökonomischer Rahmenbedingungen interessiert sein mussten, als die zukünftige Hoffnung eines geeinten deutschen Reiches erscheinen musste.

Industrialisierung am Rhein: Dyckerhoff, Kalle, Albert

Noch in nassauischer Zeit begann in unmittelbarer Nachbarschaft zur Biebricher Residenz der Aufstieg dreier zunächst bescheiden anmutender Betriebe zu Firmen mit Weltruf: 1863 gründete Wilhelm Kalle die gleichnamigen Farbwerke, die sich Ende des 19. Jahrhunderts zu einem florierenden Unternehmen mit verschiedenen Erzeugnissen entwickelten.1928 begann die Herstellung von Cellophan, zunächst vor allem für Kunstdärme für die Wurstindustrie, dann auch für Verpackungszwecke aller Art, wodurch die Firma Weltruhm erlangte. Seit 1955 ist das „Kalle-Schwammtuch" auf dem Markt, das bis heute fast in jedem Haushalt in Gebrauch ist.

Bereits rund 100 Jahre früher, 1858, hatte der Biebricher Apotheker Heinrich Albert, ein Schüler Liebigs, eine Leim- und Düngerfabrik gegründet. Der Betrieb entwickelte sich rasch zu einer der bedeutendsten Düngemittelfirmen.

Die Erfolgsgeschichte der „Portland-Cement-Fabrik Dyckerhoff und Söhne", der späteren Dyckerhoff AG, begann 1864. Zu Weltruhm stieg die Firma spätestens mit der Lieferung von 8000 Fässern Zement für das Fundament der Freiheitsstatue in New York im Jahr 1884 auf. Es mag erstaunen, dass ein Viertel der gesamten Produktion bereits 1895 in die USA versandt wurde.

Die beiden letztgenannten Firmen hatten übrigens, als sie ihr Gewerbe anmelden wollten, zunächst einen abschlägigen Bescheid erhalten: Herzog Adolph hatte Angst, dass Rauch und Gestank der Fabriken das schöne Leben im Residenzschloss beeinträchtigen könnten. Deshalb siedelten sich beide Firmen im nur einige hundert Meter von Biebrich gelegenen Amöneburg an. Das rechtsrheinische Dorf gehörte nämlich nicht zu Nassau, sondern es handelte sich vielmehr um eine Exklave des linksrheinischen Großherzogtums Hessen-Darmstadt.

Der Krieg von 1866

Der im Sommer 1866 ausgebrochene Krieg, der bekanntlich mit dem Sieg der Preußen endete, sollte zur Annexion des Herzogtums sowie zur Absetzung der regierenden nassauischen Familie führen. Am 15. Juli hatte sich Herzog Adolph zu seinen Truppen nach Süddeutschland begeben und war von dort direkt ins Exil gegangen; bereits drei Tage später, am 18. Juli, besetzten die preußischen Truppen die Stadt. Anfang September schließlich verabschiedete das preußische Abgeordnetenhaus ein Gesetz, das die Annexion Nassaus bestimmte; einen Monat später feierte man schon die offizielle Besitzergreifung durch Preußen mit einer Veranstaltung auf dem Schillerplatz. Die nassauische Hauptstadt zählte bei der Übernahme durch Preußen rund 26 000 Einwohner; nach offizieller Schätzung lag die Zahl der jährlichen Gäste mittlerweile bei rund 35 000, wobei man von rund 7000 „eigentlichen Badegästen" ausgehen kann, also solchen Personen, die eine Linderung ihrer Leiden durch die heilenden Bäder suchten, und rund 28 000 *ausgesprochenen Vergnügungsfremden*, denen die Gesellschaftskur Linderung vom *ennui*, der Langeweile, zu schaffen versprach. In den sechzig Jahren der herzoglich-nassauischen Zeit hatte Wiesbaden einen Aufschwung erlebt, wie man ihn am Anfang des Jahrhunderts kaum für möglich gehalten hätte. Die Stadt war, sicher auch dank ihrer Funktion als Hauptstadt eines deutschen Mittelstaats, zu einem der führenden Bäder Deutschlands geworden, das sowohl dem Kranken wie dem Zerstreuung Suchenden genug bieten konnte: Medizinische Angebote bediente die wachsende Zahl an Ärzten, die sich auch der Alternativmedizin öffnete. Noch in der nassauischen Zeit gingen in der „Stadt der heißen Quellen" allein drei Kaltwasserheilanstalten in Betrieb.

Zur Unterhaltung in Wiesbaden dienten Theateraufführungen und Kurhausbälle, die Spielbank und ein Lesekabinett mit 120 Zeitungen und ein Museum; aber auch zahlreiche Geschäfte mit Angeboten auf europäischem Niveau zogen ein kapitalkräftiges Publikum an. *Glänzende Equipagen, nette Droschken, hochbeladene Omnibusse rollen die Straßen auf*

Die offizielle Übernahme Nassaus durch Preußen am 9. Oktober 1866 auf dem Schillerplatz in Wiesbaden. – Zeitgenössischer Holzstich.

und ab, schmucke Reiter und Reiterinnen galoppieren vorbei. Mannigfaltige Sprachen und Dialekte berühren unser Ohr. So beschreibt ein Reisebericht des Jahres 1858 das Leben, das den Bürgern wie den Gästen auf den Straßen Wiesbadens entgegensprang.

Wiesbaden wird preußisch

Das Ende der Spielbank

Durch die preußische Annexion wurde Wiesbaden Sitz des Präsidenten eines Regierungsbezirks in der Provinz Hessen-Nassau – die Provinzhauptstadt war Kassel –, das heißt: Wiesbaden war mit einem Federstrich keine Landeshauptstadt mehr, aber es blieb immerhin noch der Verwaltungsmittelpunkt eines Gebietes, das nicht kleiner war als das frühere Herzogtum.

Die Haltung der Bevölkerung gegenüber den neuen „Herren" war zunächst durchaus ambivalent. Teile des städtischen Bürgertums und der Unternehmer begrüßten die preußische Übernahme: 44 führende Industrielle, Großkaufleute und liberale Abgeordnete überreichten dem preußischen Zivilkommissar Gustav von Diest sogar eine Petition, in der sie

In der Wiesbadener Spielbank. – Kolorierte Lithografie von George Barnard, um 1845.

sich ausdrücklich für einen Anschluss Nassaus an Preußen aussprachen. Freilich gab es aber auch liberale Vertreter Nassaus, die eher befürchteten, dass sie unter Bismarck ihre Position ebenso schwierig würden vertreten können, wie dies bisher unter Herzog Adolph der Fall gewesen war. Die größte Skepsis fand sich, wie nicht anders zu erwarten, insbesondere in den konservativen und Hofkreisen, aber auch in allen denjenigen Zirkeln, die mit dem Kurwesen in Verbindung standen. Bei ihnen nämlich war die Angst am größten, unter dem preußischen Adler könnte die Entwicklung der Kurstadt jäh gestoppt werden. Denn diese hing stark am finanziellen Tropf der Spielbank, und in Preußen gab es generell ein Verbot des Glückspiels.

Noch 1857 hatte sich, gegen Zahlung einer Abfindung von 1 000 000 Gulden, eine „Gesellschaft zum Betriebe der Kuretablissements in den Badeorten Wiesbaden und Ems" gegründet, die sich zum einen mit einer viertel Million Gulden an der Kurhausaktiengesellschaft beteiligte, zum anderen aber auch Zuschüsse für das Theater und das Hospital zahlte. Diese letzten Jahre der Spielbank machen unstreitig ihre glänzendste Epoche aus. Zu Beginn der 1860er-Jahre hatte man die Spielsaison überdies bis in den Winter hinein ausgedehnt. Bis 1866 sollen auf diese Weise Spielbankmittel in Höhe von rund 550 000 Gulden aufgewendet worden sein. Geld floss mithin reichlich, wurde aber, was die Finanzen der Stadt angeht, vermehrt zu einem unentbehrlichen Aktivposten. Vergnügungen unterschiedlichster Art wechselten einander ab – Bälle, Soireen, Konzerte, Theater – und vieles wurde letztlich nur ermöglicht durch die Einnahmen der Spielbank.

„Roulettenburg"

Man schrieb das Jahr 1866, als das Buch erschien, das wie kein anderes die Atmosphäre der Spieler am grünen Tisch beschreiben sollte: „Der Spieler" von Fjodor Dostojewski. Eingebettet in eine gelegentlich grotesk-komische Geschichte um eine Gruppe von Menschen, die, kurz vor dem finanziellen Ruin stehend, im fiktiven Kurort „Roulettenburg" auf den Geldsegen einer erlösenden Erbschaft wartet, finden sich präzise Beschreibungen der Spielsucht – wie sie Dostojewski ja aus eigener Erfahrung kannte: Hatte doch der Schriftsteller während seines Wiesbaden-Aufenthaltes im Jahr zuvor nicht weniger als 3000 Goldrubel verloren! Von seinem Verleger war ein neuer Kredit nur unter der Bedingung zu erlangen, dass er bald einen neuen Roman vorlegen werde. Auch wenn sich bis heute die Städte Baden-Baden, Bad Homburg und Wiesbaden einander den Rang streitig zu machen versuchen, wer von ihnen als fiktive Stadt „Roulettenburg" in die Literatur eingegangen sei, so sprechen die Beschreibung der Baulichkeiten und „Verhältnisse" der Stadt weit eher für das Wiesbaden der späten nassauischen Zeit als, sogar im doppelten Sinne, „Spielort" des Romans.

In der Denkschrift „Wiesbaden und seine Cur-Interessen", veröffentlicht im Herbst 1866 vom damaligen Sprecher des „Cur-Vereins" und späteren Kurdirektor Ferdinand Hey'l, finden wir eine kritische Bestandsaufnahme des Ist-Zustands und der Angst der Wiesbadener ..., *daß ein drohender Schlag über unserem Haupte schwebt, daß eine Hauptquelle unserer Mittel zur Hebung unseres Badeortes dem Versiegen nahe ist* ... Gleichzeitig wollte er aber den neuen Machthabern einen Weg aus der Misere weisen: Durch Einbehaltung der Spielbankgewinne wäre es möglich, innerhalb von zehn Jahren *die Summe von etwa einer Million anzusammeln, um, durch deren Zinsen unterstützt, Wiesbaden in seinem gegenwärtigen Stande zu erhalten.*

Die Wiesbadener Bürger hatten 1867 Gelegenheit, dem preußischen König die Denkschrift persönlich zu überreichen und tatsächlich kam es ein Jahr später zu einem Vertrag zwischen der bereits erwähnten Wiesbadener Betreiber-Gesellschaft und der preußischen Regierung, laut dem das Spiel noch bis zum 31.12.1872 erlaubt sein sollte. Vom Reinertrag erhielt die Gesellschaft einen Betrag von 200000 Gulden, der darüber hinausgehende Erlös sollte zur Hälfte einem Kurfonds überstellt werden, der ausschließlich zur Förderung der Interessen der Badeorte Wiesbaden und Ems verwendet werden durfte. In den Nachverhandlungen mit der Stadt Wiesbaden wurde übrigens auch noch die Übernahme der Kuranlagen mit Kurhaus, Kolonnaden u.a. durch die Stadt vereinbart. Als schließlich der Dezember 1872 gekommen war und der Croupier um 23.15 Uhr zum letzten Mal sein *rien ne va plus* ausrief, war es mit der glanzvollen Zeit der Wiesbadener Spielbank – zumindest auf lange Zeit – vorbei, sollte es doch bis zum Untergang des preußischen Staates nach dem Zweiten Weltkrieg dauern, bevor sich in Wiesbaden das Roulette wieder drehen konnte. Der Unterhalt des Kurbetriebes war jedoch für die Zukunft gesichert: Bei der Übergabe der Kuranlagen an die Stadt waren dieser zugleich auch 1 400 000 Gulden Kurfonds überwiesen worden (verbunden mit der Zusicherung, die Stadt solle jährlich einen Zuschuss zur Verbesserung der Kureinrichtungen erhalten).

Die Stadt wächst

Die Übernahme durch Preußen erwies sich für das Wachstum der Stadt mitnichten als ein Hindernis: Hatte die Stadt 1865 noch 26 000 Einwohner, so zählte sie im Jahr der Reichsgründung (1871) bereits 36 000. Neu war seit den 60er-Jahren – und auch dies wurde in der preußischen Ära eher intensiviert als unterdrückt –, dass man im Zuge eines Generalplans große Flächen, vor allem die Hänge rings um Wiesbaden, für den Bau von Landhäusern und Villen vorsah. So legte Thelemann, der bereits erwähnte Gartenbaudirektor, 1862 einen Generalplan vor, in dem sich die westlichen und nördlichen Hänge wie ein großer gestalteter Landschaftspark um Wiesbaden ziehen. Da feste Vorschriften erlassen worden waren, wie die Abgrenzungen der einzelnen Häuser gestaltet sein sollten – immer nur durch einen Zaun, nie durch eine Mauer –, wollte man dem Besucher Wiesbadens den Eindruck von Weitläufigkeit vermitteln. Die Villen sollten viel eher den Eindruck von Staffage-Architektur in einem riesigen Park erwecken, als dass sie selbst als dominierende Elemente empfunden würden.

Der massenhafte Zuzug in die Stadt bedeutete aber nicht nur den Bau schöner, neuer Häuser und Villen. Die soziale Separierung der Stadtbevölkerung verstärkte sich. Neben dem alten und neuen Kurbezirk, den Villenvierteln und traditionellen Wohngebieten des Mittelstands wuchsen auch die Viertel der Kleinhandwerker und Tagelöhner, wo auch diejenigen

„hausten", die im Dienste der Kur arbeiteten, d.h. die Dienstboten und Wäscherinnen, Zimmermädchen und Kellner. Ein Beispiel für die sozialen Spannungen in der doch so wohlhabenden Weltkurstadt war der so genannte Brotkrawall, bei dem sich die Wut der Unterschicht, also der Handwerksgesellen, Tagelöhner und Arbeiter, gegen eine Preissteigerung der Grundnahrungsmittel richtete, die in den Jahren nach der Reichsgründung empfindlich teurer wurden, wobei gleichzeitig aber die Löhne stagnierten. Und zudem durch den Zuzug immer mehr ungelernter Arbeitskräfte sich das Angebot an Verdienstmöglichkeiten verminderte, und dies nicht nur in der „Kurindustrie".

Eine Typhusepidemie, die 1885 ausbrach, machte deutlich, dass die Stadt zwar gewachsen war, die Einrichtungen zur Ver- und Entsorgung bei diesem Wachstum durchaus nicht Schritt gehalten hatten.

Ab 1900 wurde deshalb endlich im Untergrund der Wiesbadener Innenstadt ein Kanalsystem für die abfließenden Gewässer geschaffen, das man damals nach modernsten Erkenntnissen entworfen hatte. Mit seinen Zuläufen und Abzweigungen gilt es als Meisterwerk der Ingenieurbaukunst und des zeitgenössischen Handwerks – übrigens bis heute!

Auch das Trinkwasser sorgte für Probleme: Die Stadt der heißen Quellen hatte zwar sehr viel Thermalwasser zu bieten, aber viel zu wenige und überdies schlechte Brunnen. Um dem abzuhelfen, wurden bereits ab 1875 mit vier bergmännischen Tiefstollen von 11,5 Kilometern Gesamtlänge die wasserführenden Schichten des Taunuskamms erbohrt: Eine Maßnahme, die erst 1910 abgeschlossen werden konnte. Diese Stollen boten nun sowohl eine krisensichere Wasserversorgung als auch beste Trinkwasserqualität.

Attraktionen für die Weltkurstadt

Der Ruhm der Kurstadt bedeutete freilich auch, dass man nicht nachlassen durfte in dem Bemühen, das Angebot für die Kurgäste dauernd auf dem neuesten Stand zu halten. Also jagte eine Neuerung die nächste. So erhielt Wiesbaden im Jahr 1875, nur zehn Jahre nach Berlin und als elfte Stadt im Reich überhaupt, eine Pferdestraßenbahn, die die Fahrgäste von den Bahnhöfen am südlichen Ende der Wilhelmstraße, diese entlang und am Kurhaus vorbei durch die Taunusstraße bis ins Nerotal fuhr. Ein weiteres Beispiel für den Modernisierungswillen der Stadt ist die frühe Einführung der Elektrizität. Nachdem Edison 1879 die erste alltagstaugliche Glühbirne erfunden hatte, dauerte es nur rund zwei Jahre, bis sie bereits in Wiesbaden zur Anwendung gelangte. Zunächst rüstete man den Konzertplatz hinter dem Kurhaus von Gaslicht auf elektrisches Licht um, 1882, ein Jahr später, erstrahlte dann auch der Kursaal im Glanz der Glühbirnen.

Zu den Attraktionen der Kur zählten aber vor allem namentlich die gesellschaftlichen Ereignisse – und zu solch einem Ereignis ersten Ranges, sowohl für die Wiesbadener als auch für die Kurgäste, entwickelte sich die Einweihung des Niederwalddenkmals im Jahr 1883.

Die Einweihung des Niederwalddenkmals

Der 28. September 1883 sei in der an glanzvollen Tagen reichen Geschichte Wiesbadens *einer der allerglänzendsten*, heißt es in einer zeitgenössischen Quelle: Kaiser Wilhelm I., 22 Bundesfürsten oder deren Vertreter, die Bürgermeister der freien Hansestädte, Reichs- und Staatsminister, die Feldherrn des deutsch-französischen Krieges, hohe Reichs- und Staatsminister versammelten sich in Wiesbaden, von wo sie sich nach Rüdesheim begaben, um an der Einweihung des Niederwalddenkmals teilzunehmen. Nach der Rückkehr fuhren die hohen Personen unter dem Jubel der Einwohner und Fremden durch *die pomphaft mit Ehrenpforten, Fahnen und Wappen, Blumen und Girlanden geschmückte Stadt* zum Stadtschloss zurück, wo ein Galaessen gegeben wurde. Am Abend fand sich der Platz vor dem Kurhaus durch ein Feuerwerk erleuchtet, das die Namen der anwesenden deutschen Fürsten in farbigem Licht in die Nachtluft schrieb. Aber die Krönung des

Ganzen sollte eine aus unzähligen Gasflammen erstrahlende Siegesgöttin auf einem Viergespann sein, die im Giebel des Kurhauses aufleuchtete.

Damit war ein Projekt zum Abschluss gekommen, das über ein Jahrzehnt Wiesbaden und das Deutsche Reich beschäftigt hatte. Bereits kurz nach der Wiedererrichtung des Kaiserreiches im Versailler Spiegelsaal am 18. Januar 1871 hatte der Wiesbadener Kurdirektor Ferdinand Hey'l ein Denkmal vorgeschlagen, das an den Einigungskrieg und das neue Kaisertum erinnern sollte. Zugleich regte er an, das neue Denkmal auf dem historischen Niederwald oberhalb Rüdesheims zu errichten. Im Grunde ging es Hey'l hierbei, trotz aller deutschpatriotischen Begeisterung, die wir ihm nicht absprechen wollen, vor allem um die Frage, wie man, um den Wegfall des Kasinos zu kompensieren, die Weltkurstadt mit Attraktionen, eben auch in der näheren und weiteren Umgebung, versehen konnte. Und was lag da näher, als eine Aufwertung des Rheingau, jener Gegend westlich von Wiesbaden, die schon seit dem frühen 19. Jahrhundert im Zuge der Rhein- und Burgenromantik zahlreiche Fremde in die Gegend gelockt hatte? Hey'ls Vorschlag wurde von vielen mit großer Begeisterung aufgenommen; insbesondere der Wiesbadener Regierungspräsident Botho Graf zu Eulenburg kümmerte sich mit großem Engagement um die weitere Planung und Organisation des Denkmalbaus. Zunächst holte er die Zustimmung Kaiser Wilhelms I. und des Reichskanzlers Otto von Bismarck für das Projekt ein. Danach gründete er ein Komitee in Berlin, das sich vor allem aus Mitgliedern des Reichstages zusammensetzte, wobei er dem geschäftsführenden Ausschuss des Komitees selbst vorsaß. 1877 wurde die Grundsteinlegung für das von Johannes Schilling entworfene Denkmal in Anwesenheit des Kaisers mit einem großen Fest begangen. Was die Fürsten am Abend bei ihrer festlichen Rückkunft allerdings noch nicht wissen konnten, war, dass sie nur knapp einem Attentat entkommen waren; denn Anarchisten hatten versucht, die Festgesellschaft in die Luft zu sprengen – vergeblich, waren doch Zündschnur und Dynamit durch starken Regen am Vortag nass geworden!

Richard Wagner und Johannes Brahms

Es muss nicht verwundern, dass in dieser Weltkurstadt des 19. Jahrhunderts Spuren der beiden bedeutendsten deutschen Komponisten jener Zeit zu finden sind. Wiesbaden zählt zu den frühen „Wagner-Städten": Schon 1852, also nur sieben Jahre nach der Dresdner Uraufführung, wurde hier der „Tannhäuser" aufgeführt, „Lohengrin" folgte dann 1853; den Höhepunkt der Wagnerpflege bildete zweifellos die erste Aufführung des kompletten „Ring"-Zyklus im Rahmen der Kaiserfestspiele. Besonders verbunden mit Wiesbaden bleibt der Komponist jedoch durch seinen Aufenthalt im heutigen Stadtteil Biebrich im Jahr 1862. Der ewig von Geldnöten geplagte Wagner hatte sich einerseits in der Nähe seines in Mainz lebenden Verlegers Franz Schott, andererseits in unmittelbarer Nachbarschaft zum nassauischen Herzog einquartiert. Dem Mainzer Verleger hatte er ein *heitere*s Werk versprochen, dessen Text er zuvor in Paris gedichtet hatte. Vom nassauischen Herzog erwartete er Unterstützung insofern, als dieser ihm die im Biebricher Park gelegene Moosburg als Wohn- und Arbeitsstätte zur Verfügung stellen sollte. Letzteres schlug nicht zuletzt durch die Vorliebe des Herzogs für die italienische Oper allerdings fehl. Es waren vielmehr die Wiesbadener, die den Komponisten schätzten, nicht der Herzog selbst. Immerhin, während Wagners Aufenthalt in Biebrich – die Villa am Rhein existiert heute noch – entstanden der erste Akt der „Meistersinger von Nürnberg" sowie das Vorspiel zum dritten Akt.

Rund 20 Jahre später, im Sommer 1883, erlebte sein Antipode Johannes Brahms Inspirationen in der Sommerfrische, zu der er Wiesbaden erkoren hatte. Der mit dem Weingutsbesitzer Rudolf von Beckerrath und dessen Familie seit 1874 befreundete Brahms nahm 1883 eine Einladung an, einen Sommer in Wiesbaden und im Rheingau zu verbringen. Neben den Beckerraths mit ihren Wohnungen in Rüdesheim – wo Brahms an den Feierlichkeiten zur Einweihung des Niederwalddenkmals teilnahm – und Wiesbaden war es die am Wiesbadener Theater verpflichtete Altistin Hermine Spies, deren Gesellschaft er während seines Aufenthalts pflegte und von der er zärtlich als seiner *Johannespassion* sprach. Ergebnis der Sommerwochen in Wiesbaden war die Dritte Symphonie F-Dur, op. 90, die der Komponist ein halbes Jahr später, im Januar 1884, in Wiesbaden zur Aufführung brachte.

Die Ära Ibell (1883–1913)

Carl von Ibell, von Hause aus Jurist, darf fraglos als die überragende politische Gestalt im Wiesbaden der Kaiserzeit gelten, bestimmte er doch –, zunächst seit 1883 als Bürgermeister, drei Jahre später *durch allerhöchsten kaiserlichen Erlass* als Oberbürgermeister bis 1913, also 30 Jahre lang, die Geschicke der Stadt. Ibell war nicht nur ein souveräner Leiter der Verwaltung, sondern auch ein geachteter Repräsentant der Kurstadt, dem ästhetische Fragen nicht weniger am Herzen lagen, als dass er sich für technische Neuerungen interessierte: mithin der rechte Mann, um bei der Entwicklung der Infrastruktur der Stadt, die in seiner Amtszeit mit über 100 000 Einwohnern im Jahr 1905 in die Reihe der deutschen Großstädte aufgenommen werden sollte, auf der Höhe der Zeit Entscheidungen zu treffen. Da Carl von Ibell zudem die Gunst Kaiser Wilhelms II. genoss, der nach dem Tod seines Großvaters und Vaters im Jahr 1888 den Thron bestiegen hatte, war man in der Stadt gern bereit, im Oberbürgermeister diejenige Persönlichkeit zu sehen, die Wiesbaden „herrlichen Zeiten" entgegenführen werde. Freilich hatte er mit seiner Politik, rückblickend betrachtet, sicher zu einseitig auf den Geldfluss aus den Taschen von Kapitalrentnern und die Einkünfte aus dem Kurbetrieb gesetzt, während er einer Industrie- und Gewerbeansiedlung eine deutliche Absage erteilt hatte. Diese Weichenstellung in, modern gesprochen, Richtung Dienstleistung, sollte sich allerdings während der Krise der Kur im und nach dem Ersten Weltkrieg bitter rächen.

Wilhelm II. und Wiesbaden

In kaum einer anderen deutschen Stadt dürfte – erstaunlicherweise auch heute noch – so viel und positiv über den letzten deutschen Kaiser gesprochen werden wie gerade in Wiesbaden; indessen wäre zu ergänzen, dass wohl nirgends sonst in Deutschland, vielleicht Berlin ausgenommen, Kaiser Wilhelm II. einen derartigen Einfluss auf die Geschicke eines Gemeinwesens genommen hat, und zwar direkt als auch indirekt.

Der 1859 als ältester Sohn des Kronprinzen Friedrich und der englischen Prinzessin Viktoria Geborene und 1888 als Wil-

Wilhelm II. auf einem Ausritt durch Wiesbadens Straßen, gefeiert von der Bevölkerung der Stadt.

helm II. auf den Thron Gekommene setzte rasch die Tradition der alljährlichen Besuche der Weltkurstadt Kaiser Wilhelms I., des Großvaters, fort. (Der Vater Wilhelms, Friedrich III., der als 99-Tage-Kaiser in die Geschichte einging, war freilich zu früh gestorben, als dass er eine eigene Tradition hätte begründen können, hatte jedoch schon als Kronprinz häufig die Stadt mit seiner Anwesenheit geehrt.) Anders als bei seinen Vorfahren ist bei Wilhelm II. jedoch eine direkte Einflussnahme auf wichtige öffentliche Baumaßnahmen der Stadt zu konstatieren, etwa beim Bau des Theaters 1892 bis1894, des Bahnhofs 1906 oder des Kurhauses 1904 bis 1907.

1914, kurz vor Ausbruch des Ersten Weltkriegs, besuchte der Kaiser die Stadt zum letzten Mal. 1918 führte der Weg ins niederländische Exil: Wiesbaden sollte er nie mehr wiedersehen. Ein Salon im Kurhaus, der den Namen des Monarchen trägt, erinnert an die enge Beziehung zwischen dem letzten deutschen Kaiser und der Weltkurstadt Wiesbaden.

Es waren nicht nur die Gunst der Hohenzollern gegenüber der Badestadt, sondern gleichermaßen auch eine geschickte Steuerpolitik sowie eine ausgeklügelte, weltweite Werbemaschinerie, die über einen langen Zeitraum besondere Anziehungskraft auf die deutschen Eliten in Militär, Wirtschaft, Kunst und Politik auszuüben vermochten. Vor allem auf Pensionäre und Rentiers, also auf denjenigen Personenkreis, der sich aus seinen Kapitalerträgen einen guten Lebensabend leisten konnte, wirkte die Stadt geradezu wie ein Magnet. Kommerzienräte und Fabrikdirektoren ebenso wie pensionierte Generäle oder Adlige besaßen im Wiesbaden des ausgehenden Kaiserreichs eine Villa oder repräsentierten zumindest in einer herrschaftlichen Stadtwohnung. Wiesbaden entwickelte sich, neben Görlitz, Naumburg und Bonn, zur bedeutendsten jener vier Städte Preußens, die sich im späten Kaiserreich den Titel eines „Pensionopolis" an die Brust heften konnten.

Um die Jahrhundertwende sollen, wie die Statistik belegt, etwa 300 Goldmarkmillionäre in der Stadt gelebt haben. Vergleicht man allerdings die Kraufkraft der Goldmark mit der heutigen Währung, so kann man von füglich rund 3000 Familien ausgehen, die einem „Euro-Millionär" entsprächen!

Ein neues Rathaus

Es leuchtet ein, dass für eine Person wie Carl von Ibell, im Grunde eigentlich für alle Bürger der Stadt des späten 19. Jahrhunderts, das alte Rathaus, jener für eine Stadt mit wenigen Hundert Einwohnern errichtete Bau des frühen 17. Jahrhunderts, nicht mehr dem Selbstverständnis Wiesbadens genügen konnte. Zu Beginn der 1880er-Jahre wurde deshalb der deutsch-österreichische Architekt Georg von Hauberrisser beauftragt – er hatte einige Jahre zuvor mit dem Bau des Münchner Rathauses Furore gemacht –, für Wiesbaden ein neues Rathaus zu planen. Man hatte den Beschluss gefasst, es am Marktplatz, also in unmittelbarer Nachbarschaft zum bisherigen Rathaus und zur Marktkirche zu errichten, und es sollte, durchaus dem Zeitgeist entsprechend, mindestens so groß und mächtig wie das Stadtschloss der früheren Herzöge werden. In den Jahren 1884 bis 1887 erstand der Bau im Stil der deutschen Renaissance; er brauchte den Vergleich mit den Rathäusern anderer deutscher Großstädte nicht zu scheuen: Eine dreiläufige Treppe – sie hatte ausschließlich repräsentative Funktion – führte direkt zum Festsaal im ersten Stock, der zusammen mit den Sitzungszimmern des Gemeinderats und dem Saal der Stadtverordnetenversammlung, dem so genannten Bürgersaal, das Repräsentationsgeschoss einnahm. Auf die prächtige Innenausstattung hatten die Wiesbadener freilich noch einige Jahre zu warten: Mit einer Verspätung von immerhin elf Jahren konnten die offiziellen Räume des Rathauses der Öffentlichkeit übergeben werden. Man hatte Adalbert von Roeßler, einem in Wiesbaden geborenen, aber in Berlin lebenden Historienmaler die Ausführung des Bildprogramm der Säle übertragen: Den Bürgersaal der Stadtverordneten zieren zwei Kolossalgemälde „Römisches Badeleben in

Der Schlossplatz von Wiesbaden. Im Vordergrund das neue Wiesbadener Rathaus, daneben die Marktkirche und das Lyceum. – Fotopostkarte aus den 1930er-Jahren.

Wiesbaden" und „Blumenkorso vor dem Kurhaus in Gegenwart Wilhelms I." Nahtlos, so will der Eindruck erweckt werden, kann Wiesbaden von seiner Glanzzeit in der Antike eine Brücke schlagen zu den Glanzzeiten unter den Hohenzollern. Die mittelalterliche Epoche und die frühe Neuzeit, vor allem die Jahrhunderte lange Zeit der nassauischen Herrschaft, wurden nicht zufällig ausgeblendet, sollte es sich doch um eine Referenz der „Kaiserstadt" vor den preußischen Herrschern handeln.

Die nassauische Zeit war lediglich kurz im Festsaal zitiert worden: Vier überlebensgroße Porträts zeigten neben Kaiser Wilhelm I. und Kaiser Friedrich III. wenigstens den Nassauer König Adolf sowie Herzog Wilhelm. Die Schmalseiten des Saals schmückten die Porträts des regierenden Kaiserpaares. (Die vier Porträts des Festsaals, die bislang als verschollen galten, konnten vom Verfasser im Zuge der Übernahme der Sammlung Nassauischer Altertümer durch die Stadt Wiesbaden im Depot des Landesmuseums kürzlich zugeordnet werden. Die Bilder hatten offenbar die Zerstörung des Festsaals durch den Bombenangriff 1945 überstanden, befinden sich aber in einem restaurierungsbedürftigen Zustand. Von den übrigen Gemälden, auch denen aus dem Bürgersaal, fehlt weiterhin jede Spur.)

Wie man sieht, hatte auch im Festsaal mit aller Deutlichkeit das preußische Element dominiert. Vor allem musste der traditionsbewusste Nassauer ein Porträt des letzten Herrschers, Herzog Adolph, schmerzlich vermissen, hatte dieser doch 27 Regierungsjahre – so lange wie kein anderer – das Territorium regiert.

Adolph von Nassau: Vom Herzog zum Großherzog

Er lebte nach dem verlorenen Krieg von 1866 abwechselnd in Frankfurt und Wien, bis er 1870 Schloss Hohenburg bei Lenggries in Oberbayern erwarb, das er als künftigen Hauptaufenthalt wählte. Bereits in den 1880er-Jahren zeichnete sich jedoch ab, dass, sollte Adolph seinen als König der Niederlande

Herzog Adolph von Nassau und seine Frau Adelheid. – Lithografie nach einer Zeichnung von Christian Bach, um 1860.

und Großherzog von Luxemburg regierenden Verwandten der oranischen Linie, Wilhelm III., überleben (sie waren beide im gleichen Jahr geboren), durchaus für ihn noch einmal eine Chance bestand, auf einen europäischen Thron zu gelangen. Wilhelm III. hatte aus seiner ersten Ehe mit Sophie von Württemberg drei Söhne, die jedoch alle vor dem Vater gestorben waren. 1879, im Alter von 62 Jahren, heiratete er die gerade 20-jährige Emma von Waldeck-Pyrmont, die ein Jahr später eine Tochter zur Welt brachte, Wilhelmina, die spätere niederländische Königin. Da für das Großherzogtum Luxemburg jedoch das salische Erbrecht galt, das Frauen von der Thronfolge ausschloss, war vorauszusehen, dass, sollte nicht doch noch in den Niederlanden ein Sohn geboren werden, der nächste männliche nassauische Verwandte den Thron in Luxemburg erben würde: der Vertreter der walramschen Linie, mithin der in Bayern im Exil lebende Adolph von Nassau (ehemals Herzog in Wiesbaden). Als nun der Vetter in den

Niederlanden tatsächlich im November 1890 starb, bestieg Adolph von Nassau als Großherzog in Luxemburg den Thron. Dort sollte er auf weitere 15 Jahre – als ältester regierender Monarch Europas überhaupt – die Regentschaft ausüben. Seiner ehemaligen Hauptstadt Wiesbaden blieb er allerdings fern, obwohl ihm im Entschädigungsvertrag mit Preußen sowohl

Einweihung des Landesdenkmals im Jahr 1909. Mit dem Tod des ehemaligen Herzogs von Nassau und späteren Großherzogs Adolph von Luxemburg im Jahr 1905 setzte eine „Nassau-Renaissance" in den ehemaligen nassauischen Territorien ein. – Foto: J. Benade, 1909.

Schloss Biebrich am Rhein als auch das klassizistische Jagd-schloss Platte, am Rand der Stadt in den Taunuswäldern gele-gen, zugesprochen worden waren.

Interessanterweise setzte insbesondere nach dessen Tod (1905) eine regelrechte Nassau-Renaissance im alten Herzog-tum und ebenfalls in Wiesbaden ein. Man sammelte Erinne-rungsstücke an die alte Herzogsfamilie; in Anekdoten und Geschichte wurde das untergegangene Herzogtum sozusagen zum Inbegriff der guten alten Zeit verklärt. Diese Entwicklung gipfelte in der Errichtung mehrerer Denkmäler für Herzog Adolph: in Weilburg, seinem Stammschloss, in Königstein im Taunus, dem bevorzugten Wohnsitz seiner Witwe Herzogin Adelheid (sie verstarb hier im Jahre 1916), und in Wiesbaden. Die Einweihung des „natürlich" größten der Adolph-Standbil-der wurde im Jahre 1909 mit viel Aufwand begangen.

Der Bau einer Ringstraße

Wäre der Luxemburger Großherzog kurz vor seinem Tode noch einmal in seine alte Residenzstadt gekommen, er hätte sie wohl nur noch schwerlich wiedererkannt. Bereits 1871 hatte der Wiesbadener Stadtbaumeister Alexander Fach in einem Bebauungsplan vorgeschlagen, das Projekt einer Ring-straße um die Innenstadt zu realisieren. Grund dafür war die bei ihm gereifte Erkenntnis, dass man einen rasterförmigen Grundriss, wie er in der nassauischen Zeit umgesetzt worden war, nicht unbegrenzt nach Süden und Westen führen konnte, aber auch, dass die Innenstadt vom Verkehr entlastet werden musste, denn im ersten Jahrzehnt nach der preußischen Anne-xion hatte die Stadt neben den ständig anwachsenden Zahlen an Kurgästen außerdem einen jährlichen Zuzug von rund 2000 Menschen zu verkraften.

Vorbild für die Idee der Ringstraße war natürlich Wien, wo man auf kaiserlichen Befehl hin ab 1852 die Festungsanla-gen schleifen und dann ab 1858 die Ringstraße anlegen ließ. Man hatte die Stadt also mit einem Gürtel umgeben, an dem viele wichtige öffentliche Bauten der Kaiserstadt (Theater,

Museen, Parlament oder Rathaus) neu errichtet wurden. Da es jedoch in Wiesbaden aufgrund der Finanz- und Wirtschaftskrise, die in ganz Deutschland wenige Jahre nach dem deutschfranzösischen Krieg einsetzte, zu einem Rückgang der Zuwanderung kam – zwischen 1879 und 1888 zogen „nur noch" rund 900 Personen pro Jahr nach Wiesbaden –, sollte sich jedoch die Umsetzung der Ideen Fachs um einige Jahre verzögern.

Nahezu zeitgleich mit dem Regierungsantritt Kaiser Wilhelms II. fiel in Wiesbaden die Entscheidung für den Ringstraßenbau, der freilich aufgrund geografischer Gegebenheiten nicht vollständig ausgeführt werden konnte. Entlang des Kaiser-Wilhelm-, des Kaiser-Friedrich- und des Bismarckrings entstand nun ein Stadtviertel in verdichteter Bauweise, das die Stadt, aufgrund seiner außerordentlichen Formenvielfalt des späten 19. Jahrhunderts, zu einem außergewöhnlichen Beispiel des Historismus in Deutschland macht. An markante Plätze und Kreuzungen setzte man nach dem Vorbild Wiens herausragende Bauwerke, etwa die Ringkirche, den neuen Hauptbahnhof oder das Landeshaus, damals Sitz des Kommunalverbands der preußischen Provinz Hessen-Nassau.

Nerotal und Neroberg

Die von Jahr zu Jahr ansteigende Zahl der „Neu"-Wiesbadener erforderte nicht nur neue Naherholungsgebiete, es waren gleichermaßen auch „massentaugliche" Orte von Nöten. Der Kurpark und die Anlagen am Kochbrunnen hatten nur durch die Einführung einer Taxe, die zu entrichten war, wollte man dort flanieren, ihren „exklusiven" Charakter bewahren können. Aber auch diejenigen Wiesbadener, die in den Hinterhäusern oder Wohnblocks am Ring wohnten, suchten verständlicherweise nach Orten der Naherholung. Mit dem Aufkommen der modernen Massengesellschaft verschoben sich die Bedürfnisse der Entspannung suchenden Menschen in Richtung Rummel und Unterhaltung.

Der Neroberg, der sich, wie schon erwähnt, in Nassauer Zeit mit der Anlage eines Monopteros und vor allem der Grab-

Die Parkanlage Nerotal. Im Hintergrund der Neroberg mit Russischer Kirche, Weinberg und Neroberghotel. – Postkarte, um 1910.

kapelle für die russische Großfürstin Elisabeth nach und nach zum Ausflugsziel der Bürger entwickelt hatte, erhielt in den 80er-Jahren seine im Grunde bis heute gültige Gestaltung als „Hausberg" der Wiesbadener. 1881 wurde dort mit dem Bau des Neroberg-Hotels begonnen, das durch seine großen Terrassen für die Außenbewirtung von sich reden machte. In seinen Glanzzeiten, das heißt in den letzten Dezennien vor dem Ersten Weltkrieg, soll das Haus nicht weniger als 40 000 Porzellanteile im Betrieb gehabt haben.

Im Jahre 1888 konnten clevere Investoren mit einer neuen Attraktivität aufwarten, denn sie waren auf den Gedanken gekommen, die Strecke nach oben auf dem Schienenweg zu ermöglichen: die übrigens bis heute funktionierende Nerobergbahn, deren Technik nie verändert zu werden brauchte. Die mit Wasserballast betriebene Bahn, deren Wagen in ihrer Konstruktion der Steigung angepasst sind, führt auf einer Länge von 438,5 m in nur wenigen Minuten auf den Berg hinauf und hat dabei die gleichmäßige Steigung von etwa 25 Prozent zu überwinden. 1897/98 wurde darüber hinaus, quasi als Anbindung der Stadt an die Talstation der Nerobergbahn, das als Landschaftspark gestaltete Nerotal angelegt, jetzt freilich, um dem „Ansturm der Massen" zu genügen, mit breiteren Wegen, als sie im Kurpark zu finden waren.

Theaterneubau und Kaiserfestspiele

Für die mehr auf Repräsentation gerichtete Art der Zerstreuung waren Kurhaus und Theater zuständig. Freilich bot das alte nassauische Hoftheater nicht mehr den Rahmen für die gehobenen Ansprüche, die Kaiser Wilhelm II. an ein solches Haus zu stellen geruhte. Die Frage war nun bald nicht mehr, ob man ein neues Theater benötige, sondern nur: Wann und wo soll die Grundsteinlegung stattfinden? Hier war es der Kaiser höchstpersönlich, der die Entscheidung traf (und damit sogar einen bereits gefassten Gemeinderatsbeschluss aufhob), das neue Theater solle an die südliche Kolonnade angebaut werden. Der Auftrag ging an die in Theaterbauten höchst erfahrenen Architekten Ferdinand Fellner und Hermann Helmer, von deren Architekturbüro zwischen 1873 und dem Ersten Weltkrieg der Bau von rund 50 Theatern betreut wurde.

Die feierliche Eröffnung des Hauses, am 16. Oktober 1894, verwandelte die ganze Stadt im Grunde in eine einzige große Bühne, die für den Kaiser als ihren „Hauptdarsteller" hergerichtet worden war: Als dieser am Morgen des Oktobertages in Wiesbaden mit der Bahn anreiste, wohnte er auf seinem Weg zum Stadtschloss zunächst der Enthüllung eines seinem Großvater Wilhelm I. gewidmeten Denkmals bei. Ihm zu Ehren fand er die Wilhelmstraße bei seiner Ankunft mit Ehrenbogen, Tannengrün und Fahnenschmuck dekoriert. Am Abend betrat Kaiser Wilhelm das Theater durch einen für ihn reservierten Eingang, und beim Betreten der Loge wurde er mit Fanfarenstößen sowie dem Abspielen der Kaiserhymne begrüßt. Dann konnte das eigentliche Programm beginnen. Noch am Abend musste ihre Majestät trotz aller Begeisterung die Stadt wieder verlassen, war ihm doch ein Empfang so ganz nach seinem Geschmack geboten worden!

Ein kaiserliches Foyer im königlichen Theater. 1902 wurde durch Stadtbaumeister Felix Genzmer ein festliches Foyer an das Theater angebaut.
Es bot den glanzvollen Rahmen für Pausenempfänge Kaiser Wilhelms II.

Mit diesem Ritual sollte das Muster für seine künftigen
„Kaiser"-Besuche vorgegeben sein. Schon Wilhelm I. hatte die
Stadt im Laufe seiner Herrschaft immerhin 18 Mal besucht;
doch sein Enkel Wilhelm II. brachte es auf sage und schreibe
25 Aufenthalte. Die Besuche Wilhelms I. hatten gewöhnlich
länger als die seines Nachfolgers gedauert, waren aber weniger
„inszeniert", was erklärt, dass sie in den Medien der damaligen
Zeit kaum präsent waren. Kaiser Wilhelm II. wusste es jedoch
so einzurichten, dass selbst Aufenthalte von nur wenigen
Stunden – wie jener am 16. Oktober 1894 – dermaßen mit
Programm angefüllt waren und obendrein so „prächtig" begangen wurden, dass sie, ganz wie beabsichtigt, sich dem kol-
lektiven Gedächtnis der Stadt und ihrer Menschen zwangsläu-
tig einprägen mussten. Die Anwesenheit des Kaisers, und war
sie noch so kurz, wurde durch Broschüren und Zeitungen
sogleich zum Medienereignis: Ankunft am Bahnhof, Einzug
über die festlich geschmückte Innenstadt, Auftritte am Tag bei
Denkmalenthüllungen oder Einweihung von neuen Gebäuden, Besuche von ebenfalls in Wiesbaden weilenden befreun-
deten Monarchen, Teilnahme bei Truppenübungen; am Abend

93

Die festlich geschmückte Wilhelmstraße des Jahres 1897 wartet auf den Einzug Kaiser Wilhelms II.

Anwesenheit bei Theateraufführungen oder bei Veranstaltungen im Kurhaus. Jeder Aufenthalt war also gespickt mit Programm. Eine Steigerung – soweit dies überhaupt noch möglich war – konnten die Kaiserbesuche allenfalls durch die Einführung der „Kaiserfestspiele" im Jahr 1896 erfahren.

Von den Kaiserfestspielen zu den Maifestspielen
Noch heute treffen sich im Mai Theater- und Musikinteressierte, um im Rahmen der Internationalen Maifestspiele außergewöhnliche Theater- und Opernaufführungen zu erleben. Zurück geht die Tradition der Festspiele auf die 1896 gegründeten Kaiser-

festspiele. Die zahlreichen Besuche der Rhein-Main-Region durch Wilhelm II. jeweils im Frühjahr legten es nahe, den Aufenthalt des deutschen Kaisers mit Festspielen glanzvoll zu umrahmen. Der Intendant des Hauses, Georg von Hülsen-Haeseler, verstand es geschickt, die Wiesbadener Festspiele zu einer Symbiose aus Bayreuther Festspielen und Meininger Theatertradition werden zu lassen: Bei den Opernaufführungen dominierten Wagners Werke, die von den besten Sängern der Zeit interpretiert wurden, im Schauspiel orientierte man sich an den glanzvollen, in Ausstattung und Kostüm historisch korrekten und detailverliebten Aufführungen der Meininger Theatertruppe des Herzogs Georg II. von Sachsen-Meiningen. Wenn, wie der ehemalige Herausgeber der FAZ, Karl Korn, einst bemerkte, Wiesbaden die *Repräsentationskulisse der Eliten des zweiten Kaiserreichs* war, so wurden die Kaiserfestspiele unter von Hülsen deren zentrale Bühne. Schon mit dem Weggang Hülsens nach Berlin im Jahr 1903 erlebten die Festspiele ihren ersten Einschnitt. Ihr Ende fanden sie mit Ausbruch des Ersten Weltkriegs. Eine Neubelebung gelang unter Intendant Paul Bekker in den späten 20er-Jahren, freilich unter veränderten Vorzeichen. Dem Geist der Moderne verpflichtet, legte der mit Arbeiten zu Beethoven und Wagner, aber auch Gustav Mahler und Franz Schreker bekannt gewordene Musikwissenschaftler Bekker einen Schwerpunkt auf das zeitgenössische Musiktheater der Zeit. Als Jude und kritischer Geist der Weimarer Republik konnte der hochverdiente Bekker nur durch den Gang ins Exil sein Leben vor der nationalsozialistischen Verfolgung retten. Die Zusammenlegung von Maifestspielen und Gaukulturwochen in den 30er-Jahren zeigt den Niedergang der Festspiele. Goethes 200. Geburtstag 1949 gab den Anlass, über einen Neubeginn nachzudenken. Im Jahr 1950 erlebten die Festspiele nun als „Internationale Maifestspiele" ihre Wiedergeburt.

Der „Balkon Europas"

Durch die Verlegung des Theaters an die Kolonnaden war der prominente Platz des alten Hoftheaters an der Wilhelmstraße – in Nachbarschaft zu den „Vier Jahreszeiten" – für eine Neubebauung frei geworden. Hierfür bewarben sich die Besitzer des „Nassauer Hofs", die zwar schon seit hundert Jahren dortselbst das Gasthaus betrieben, es aber nie aus dem Schatten der „Vier Jahreszeiten" hatten führen können. 1896 wurde nun der Bauantrag gestellt, ab 1897 erfolgte der Neubau im neobarocken „wilhelminschen" Stil mit strengen Auflagen durch die Baudirektion, insbesondere was die dekorativen Aufbauten der Fassade betreffen sollte. Man war sich dessen bewusst, dass ein Gebäude an solch hervor gehobener Stelle in besonderem Maße das Erscheinungsbild der Stadt mitbestimmen würde. Im gleichen Jahr, in dem mit dem Neubau begonnen wurde, veränderte auch der Platz an der Wilhelmstraße insofern seine Gestalt, als anstelle eines Schiller-Denkmals, das 1866 vor dem alten Theater aufgestellt worden war, man im Jahr 1897 mit großem Pomp ein Denkmal für den „99-Tage-Kaiser" Friedrich III. einweihte. Dieser Platz, ursprünglich Wilhelmsplatz, dann Theaterplatz genannt, erhielt nun seinen endgültigen Namen: Kaiser-Friedrich-Platz. Wenige Jahre später, im Jahr 1903, stellte der Platz die Kulisse für eine Zusammenkunft Kaiser Wilhelms II. mit Zar Nikolaus von Russland, die sich in Wiesbaden übrigens mehrfach trafen. Hierbei hatte nun der „Nassauer Hof" seinen ersten großen „Auftritt": Nahezu alle *höchsten Begleiter der beiden Herrscher und die Mitglieder ihrer Delegationen* waren dort untergebracht. Bei der offiziellen Begegnung der Monarchen auf dem Platz drängten sich hohe und höchste Kreise in den Fenstern und auf den Balkonen des Hotels. Werbewirksam sprach die Hotelleitung von nun an von ihrem Haus als dem „Balkon Europas".

Grandhotels im alten Quellenviertel

Wie bereits in der nassauischen Periode, so lässt sich ebenfalls für die preußische Zeit die Veränderung, die Wiesbaden genommen hat, wohl am besten an der Entwicklung des alten Quellenviertels ablesen: Auf dem Weg zur „Weltkurstadt" war in der herzoglichen Zeit eine gusseiserne offene Wandelhalle errichtet worden, die in späteren Jahren bis an die Taunusstraße und Wilhelmstraße verlängert worden war. Damals weilten in Wiesbaden im Jahr rund 26 000 Gäste zur Kur. Aber

Blick vom Hotel „Schwarzer Bock" über den Kranzplatz auf das „Palast-hotel". Im Hintergrund der Kochbrunnentempel. – Foto, um 1900.

diese Zahlen sollten sich im Kaiserreich enorm steigern: Waren es 1880 bereits über 70 000, so zehn Jahre später mehr als 100 000 Kurgäste! Dieser Masse an Besuchern, und nicht zuletzt deren gesellschaftlichem Hintergrund, konnte die Anlage des Kochbrunnens und des Kranzplatzes nicht mehr genügen. Eine Chance für eine Veränderung ergab sich schließlich, als zum einen durch den Bau der neuen Krankenanstalten im Jahr 1879 das historische Hospital am Kochbrunnen überflüssig geworden war, zum anderen der Ankauf weiterer Flächen aus Privatbesitz durch die Stadt in den 1880er-Jahren eine großzügigere Gestaltung des Kochbrunnenplatzes ermöglichte. So ersetzte man ab 1887 die bisherige Wandelhalle durch eine winkelförmige Anlage, bestehend aus Hallen und Pavillons mit großen Fensterflächen in gusseisernen Rahmen und steinernen Bogenstellungen im Stil der italienischen Hochrenaissance, wie sie der Formensprache des strengen Historismus entsprach. Über Verbindungshallen und einen

Kochbrunnentempel und Wandelhalle. – Zeichnung, um 1900.

Inhalationsbau gelangte man zu einem Mittelpavillon, dem
bestimmenden Teil der gesamten Anlage, an den sich nach
Süden hin die 43 Meter lange Trinkhalle anschloss: ein über
sieben Meter breiter und neun Meter hoher Saal, dessen große
Fenster eine heitere Atmosphäre verbreiten sollten. Von dort
gelangte man weiter zum Kochbrunnentempel, in dem „Brun-
nenmädchen" den Kurgästen das frische Heilwasser reichten.
Die dazu gehörige Gartenanlage war ein Werk des Frankfurter
Gartenarchitekten Heinrich Siesmayer, der durch die Gestaltung des Frankfurter Palmengartens Berühmtheit erlangt hatte.

Mit diesen Neuerungen hatte man Grundlagen für eine
Aufwertung des gesamten Gebiets gelegt. Die alten Badehäu-
ser und Herbergen verschwanden nach und nach, um Grand-
Hotels Platz zu machen: Bereits 1882/83 baute man auf das
Grundstück eines früheren klassizistischen Badehauses das
Grand-Hotel „Englischer Hof", in dessen unmittelbarer Nach-
barschaft zuvor für das Traditionshaus „Bock" ein Neubau

98

entstanden war, der – nach weiteren Zukäufen von kleineren Häusern – 1905/07 zu einem einheitlichen Komplex ausgebaut wurde und ebenfalls einem Haus der erstem Kategorie zugezählt werden musste. 1911/12 wurde es nochmals aufgestockt und erweitert.

Einer der markantesten Neubauten am Platz war das „Palast-Hotel", das auf den Fundamenten der ehemaligen Badhäuser „Schwan" und „Engel" errichtet wurde. Bei den Ausschachtungsarbeiten kamen die Überreste der bedeutendsten römischen Thermenanlage innerhalb der Stadt zum Vorschein, die auch das Interesse Kaiser Wilhelms fanden und der sie 1903 besichtigte. Dennoch wurden die Ausgrabungen, wie bereits erwähnt, aus Kostengründen wieder mit Sand verfüllt und das Hotel darüber errichtet. 1905 konnte das Haus den Betrieb aufnehmen.

Zu diesem Zeitpunkt hatte auf der gegenüberliegenden Seite seit einem Jahr das Grand-Hotel „Rose" seine Pforten geöffnet, dessen Neubau die Tradition eines 500-jährigen Badebetriebs fortsetzte. Das im Stil des Neobarock erbaute Haus war das sicher prächtigste Hotel am Platz: 200 Zimmer und Suiten im Stil Louis XVI., prachtvolle Gesellschaftsräume, zwei Konzertsäle und eine eigene Tennishalle sorgten für den Komfort des Gastes. Was die „Vier Jahreszeiten" für die nassauische Periode war, das sollte die „Rose" für die preußische Zeit werden.

An der Taunusstraße und deren Einmündung in die Wilhelmstraße entstanden mit dem Hotel „Alleesaal" und dem „Wilhelma" im ersten Jahrzehnt des 20. Jahrhunderts weitere Hotels erster Kategorie.

Bis 1910 hatten Kranzplatz und Kochbrunnenplatz, das alte Kurviertel, eine totale Veränderung erfahren: Nichts sollte mehr an das eher einfache Badeleben der früheren Jahrhunderte erinnern; selbst die Architektur der nassauischen Epoche, der Klassizismus, der die Stadt doch so stark bestimmt hatte, war verschwunden: Ein ganzes Viertel hatte also in wenigen Jahren sein Gesicht völlig verändert. Welche andere Stadt des Deutschen Reiches hätte wohl eine solche Dichte an Grandhotels aufzuweisen gehabt?

Ein neues Kurhaus

Der Bau des neuen Kurhauses fiel genau in jene Jahre, in denen Wiesbaden seinen Höhepunkt als Weltkurstadt erlebte. Eigentlich war darüber schon seit den 1880er-Jahren diskutiert worden, denn es gab mehrfache Gründe, sich über ein neues Gesellschaftshaus Gedanken zu machen. Das alte Kurhaus, zu einer Zeit gebaut, als Wiesbaden im Jahr rund 10 000 Kurgäste zählte, hatte um 1900 135 000 Kurgäste aufzunehmen. Zudem war es ohne Heizung gebaut worden, hatte es doch lediglich der Sommerkur gedient, so dass Öfen nicht notwendig gewesen waren. Nachdem die Stadt die Winterkur etabliert hatte und damit Werbung machte, man habe hier das „ganze Jahr Saison", waren allerdings auch die Zahlen der Winterkurgäste angestiegen: von 12 000 im Jahr der Reichsgründung 1871 auf rund 60 000 in den Jahren nach der Jahrhundertwende. Hinzu kam ein natürlicher Verschleiß der Einrichtung, auch war der Sanitärbereich in die Jahre gekommen – kurz: einer „Weltkurstadt" kaum noch angemessen.

1903 erhielt der renommierte Münchner Architekt Friedrich von Thiersch den Auftrag zu einer Realisierung des Neubaus, und zwar sollte er an der Stelle des bisherigen Kurhauses errichtet werden. Thiersch legte noch im gleichen Jahr dem Kaiser in Berlin seine Pläne vor, die die grundsätzliche Billigung Wilhelms II. fanden. Da es jedoch in der Stadt zu heftigen Diskussionen gekommen war, ob man das alte, traditionsreiche Gesellschaftshaus überhaupt abreißen dürfe: das Haus, in dem Goethe diniert und gedichtet, Dostojewski sein Geld verloren und Brahms seine dritte, die „Wiesbadener" Symphonie dirigiert hatte, war Thiersch von Seiten des preußischen Kultusministeriums zur Auflage gemacht worden, den alten Kursaal unter Verwendung der originalen Säulen und Wand- und Deckenelementen in einem der neuen Säle zu zitieren. Er tat dies durch die Gestaltung des kleinen Konzertsaals im klassizistischen Saal, wobei die Marmorsäulen des alten Saals geschickt wiederverwandt wurden.

Um die Jahre zwischen dem Abriss des alten Kurhauses 1904 und der Einweihung des neuen Baus 1907 zu überbrü-

Das neue Kurhaus. – Zeichnung aus der Broschüre zur Einweihung des Neubaus aus dem Jahr 1907.

cken, hatte man das ehemalige Palais der Herzogin Pauline (erbaut 1841–1845), das in unmittelbarer Nachbarschaft des Kurhauses lag, zum „Kurhausprovisorium" umfunktioniert.

Durch den Neubau des Kurhauses – er war mit einer Bausumme von drei Millionen Mark veranschlagt und sollte schließlich 5,5 Millionen Mark kosten – war zweifellos ein Meisterwerk des Historismus entstanden, dessen Fassade sehr schnell das Symbol der Stadt wurde (und es bis zum heutigen Tage geblieben ist). Es war vor allem die kostbare Innenausstattung, die zum Ruhm des Hauses beitragen sollte. Die gesamte abendländische Kunst, so will es scheinen, findet sich hier wieder: Das Foyer erinnert an antike römische Thermen, der große Konzertsaal zitiert die Pracht des Barock, der kleine Konzertsaal, wie bereits erwähnt, den Klassizismus. Der Weinsaal, heute Spielbank, nahm Formen der nordischen Renaissance auf, das südliche Lesezimmer mit Blick in den Garten trug den Charakter einer „sala terrena" des barocken Schlossbaus. Wegen dieses Saals wäre es bei der Einweihung durch den Kaiser im Mai 1907 beinahe zu einem Eklat gekommen, waren doch die Wände des Lesezimmers mit Fresken des Münchner Jugendstil-Malers Fritz Ehrler geschmückt, in dem der Kaiser einen Vertreter der jungen, aufmüpfigen Generation sah. Ehrler musste umgehend ausgeladen werden; Wilhelm, so sagt man, habe das Lesezimmer fortan nie mehr betreten!

Ansonsten war die Einweihung – Kaiser Wilhelm erklärte den Bau zum *schönsten Kurhaus der Welt* – für die Stadt und die Kur ein erneuter Triumph. Protest kam nur von medizinischer Seite. Dr. Emil Pfeifer, der bedeutende Internist und Kinderarzt, klagte im „Rheinischen Kurier" des Jahres 1906: *Dass das neue Kurhaus in seinem ganzen Zuschnitte auf nichts Weiteres hinausläuft als auf ein großes Restaurant ist in vielfachen Zuschriften neuerdings erörtert worden. Dass aber für öffentliche Kurzwecke, d. h. für die Wiesbaden aufsuchenden Kranken, so gar nichts vorgesehen ist in all den projektierten Neugestaltungen, muss füglich befremden.* Die berechtigte Kritik sollte auf fruchtbaren Boden fallen: Ein Jahr vor Ausbruch des Ersten Weltkriegs – es war das Jahr mit den meisten Kurgästen: 192 108! – wurde schließlich das Kaiser-Friedrich-Bad eröffnet, eine Thermenanlage, die, was das Saunieren und Baden anging, wahrlich keine Wünsche offen ließ.

Die Weltkurstadt am Vorabend des Ersten Weltkriegs

Die im späten Kaiserreich in ganz Deutschland verbreitete illustrierte Zeitung „Berliner Leben" veröffentlichte in einer ihrer Ausgaben des Jahres 1902 die Abbildung eines Fensters des an der Wilhelmstraße gelegenen Hotels „du Parc & Bristol". Seit 1896 kannte man dort den Brauch, dass fürstliche Gäste mit einem Diamantstift ihr Autogramm auf jenes besagte Fenster schreiben durften: Neben den Unterschriften des deutschen Kaisers und der Kaiserin waren die Namen des letzten russischen Zarenpaares, des dänischen Königs Christian IX., der insgesamt 24 Mal zur Kur nach Wiesbaden reiste, und des griechischen Königs Georg sowie zahlreicher weiterer deutscher Monarchen zu entziffern. Wäre es tatsächlich um Vollständigkeit gegangen, so hätte man auch die Namen des italienischen Königspaares oder des belgischen Königs finden müssen nebst den Unterschriften zahlreicher weiterer gekrönter oder gefürsteter Personen. Wiesbaden war um die Jahrhundertwende in der Tat zu dem geworden, was es seit den Zeiten als nassauisches Kurbad auf allen Werbeschriften ein wenig großtuerisch behauptet hatte: eine Weltkurstadt. Nur noch wenige einzelne Gebäude sollten weiter an die Zeit der herzoglichen Residenzstadt erinnern; die klassizistische Stadt hatte sich in eine des Historismus verwandelt und war zur „Repräsentationskulisse" des Kaiserreiches, der regierenden Häuser und in deren Gefolge des Adels wie auch der Geld- und Wirtschaftsmagnaten geworden.

Die Großstadt mit über 100 000 Einwohnern, zu der sich das bescheidene nassauische Städtchen entwickelt hatte, musste sich naturgemäß mit den Problemen einer solchen konfrontiert sehen: Sollte sich Wiesbaden von dem Konzept einer „Kur- und Fremdenstadt" lösen und durch Industrialisierung den anderen Großstädten nacheifern? Diese Fragen wurden auch in Wiesbaden am Vorabend des Ersten Weltkriegs immer heftiger diskutiert. Die Antwort darauf lieferten schneller als erwartet die weltgeschichtlichen Ereignisse, wenn sie auch für die Stadt und ihre Bewohner schmerzhaft ausfallen sollte.

Der Erste Weltkrieg

Mit dem Ausbruch des Ersten Weltkriegs im Sommer 1914 sollte sich quasi über Nacht das Leben in der Stadt ändern: Aufgrund der Kriegserklärung an Russland am 1. August wurden die zahlreichen ausländischen Gäste der Stadt zu *feindlichen Ausländern*, die Deutschland zu verlassen hatten. Allen mit der Kur und dem Hotelbetrieb vertrauten Personen wie auch der städtischen Verwaltung war rasch klar, dass dies den Kollaps des Fremdenverkehrs und damit *der Weltkurstadt schlechthin* bedeuten musste. Die zuständige Generalität in Mainz blieb zunächst unerbittlich. Erst nachdem der seit 1913 amtierende Oberbürgermeister Karl Glässing ein *Arbeitslosenelend* prophezeite, *wie es die Stadt noch nicht gesehen hat,* gab es insofern ein Einlenken, als *unverdächtigen Angehörigen des neutralen Auslands der Aufenthalt* nun doch gestattet wurde. Die düstere Prophezeiung Glässings sollte sich freilich mittelfristig erfüllen, wenn auch in den ersten Jahren des Krieges der Rückgang an Kurgästen durch eine steigende Zahl Verwundeter kompensiert wurde, die in den Wiesbadener Hotels und Kureinrichtungen, die man nach und nach als Lazarette ausgewiesen hatte, Genesung von Verletzungen und Erholung vom Fronteinsatz suchten. Freilich: Diese Gäste waren nicht mehr die wohlhabenden Mitglieder der gehobenen Gesellschaftskreise, die hier für Wochen und Monate die Gesellschaftskur pflegten, sondern es handelte sich um Soldaten aus allen Schichten der Bevölkerung, die oft genug bar finanzieller Mittel waren und darauf hoffen mussten, bei dem einen oder anderen Wohltätigkeitskonzert Freikarten zu erhalten.

Zu einer Besonderheit unter den Wiesbadener „Lazaretten" wurde das zum „Deutschen Genesungsheim" umgewandelte Wiesbadener Kurhaus. Am 22. Oktober 1915, dem Geburtstag der Kaiserin Auguste Viktoria, fand die Einweihung statt. Der Ort, wo sich früher die „feine Gesellschaft" ein Stelldichein zu geben pflegte, sollte nun der Rekonvaleszenz verwundeter Offiziere verbündeter Staaten dienen. Schon bald sah man dadurch in Wiesbaden die Uniformen der österreichisch-ungarischen Armee sowie die Bulgariens und des Osmanischen Reiches, die, Ironie der Geschichte, noch einmal einen Abglanz vergangener Internationalität beschworen.

Wiesbaden erwies sich in keiner Weise weder auf den Krieg noch auf das, was er für die Stadt auslöste, vorbereitet. Einseitig hatte man viel zu lange auf die Kur gesetzt, weder Landwirtschaft noch Industrie nachhaltig gefördert. Als der Winter von 1916 auf 1917 eine Ernährungskrise brachte, sah sich die Stadt zu ungewöhnlichen Maßnahmen gezwungen: Die Stadtgärtnerei musste Gemüse ziehen, die noch freien Flächen des 1908 neu angelegten Südfriedhofs wurden nun für den Kartoffelanbau genutzt. Dennoch verschlechterte sich die Ernährungslage in Wiesbaden merklich, so dass es bei Essens- und Lebensmittelausgaben immer häufiger zu Tätlichkeiten kam.

Wiesbaden und seine Bewohner erlebten im Laufe der vier Kriegsjahre einen Absturz, wie man ihn sich nur schwer vorstellen kann: Aus der „Weltkurstadt" war quasi über Nacht ein „Armenhaus" geworden. Erschwerend kam hinzu, dass der Waffenstillstandsvertrag von Compiègne, der den Krieg 1918 beendete, die Besetzung des linken Rheinufers sowie der Brückenköpfe von Mainz, Koblenz und Köln durch französische Truppen festschrieb. Zum Gebiet des Mainzer Brückenkopfs gehörte auch Wiesbaden. Damit war abzusehen, dass sich auch nach dem Krieg nicht ohne Weiteres an die Zeit vor 1914 anknüpfen lassen würde.

Die Weimarer Republik

Französische Besatzer und Separatisten

Als nach Beendigung des Ersten Weltkriegs Mitte Dezember 1918 französische Truppen in die Stadt einrückten, sollte dies für Wiesbaden eine fast 12 Jahre andauernde Besatzung bedeuten. Insbesondere in den ersten Jahren war der Besatzungszustand für die Stadt und ihre Einwohner eine schwere Belastung. Der Straßenverkehr wurde auf von morgens 6 Uhr bis abends 20 Uhr beschränkt, der Fernsprechverkehr ruhte zunächst vollkommen. Außerdem erschwerte die Zollgrenze zwischen besetztem und unbesetztem Gebiet den Postversand von und nach Wiesbaden erheblich, sodass schließlich auch die Versorgung mit Lebensmitteln mangelhaft wurde.

Vor allem aber waren es Anordnungen wie die, *den Herren Offizieren und den französischen Besatzungstruppen auf der Straße auszuweichen und ihnen genügend Platz zu machen,*

Französische Soldaten (nordafrikanisch Spahis) vor dem Wiesbadener Rathaus. – Foto, um 1919.

die die Bevölkerung verständlicherweise gegen die neuen Herren aufbringen musste und so das Verhältnis zwischen Wiesbadenern und Besatzungssoldaten unnötig belastete. Immer wieder wurden in den ersten Jahren der jungen Republik der Polizeibehörde zwar Beleidigungen, Schlägereien und andere Übergriffe gemeldet, wenn auch Zusammenstöße größeren Ausmaßes gottlob ausblieben. Entspannen sollte sich das Verhältnis zu den Besatzern jedoch erst durch die Aufgabe des passiven Widerstands seitens der Wiesbadener bzw. nach Beendigung des Ruhrkampfes und der Aufhebung der Zollgrenze im Jahre 1924. Aber bereits die allgemeine wirtschaftliche Entwicklung nach der Inflation von 1923 hatte einer positiveren Einstellung gegenüber den Besatzern Vorschub geleistet.

Zu allen diesen Schwierigkeiten kam zudem die Gefahr der Abtrennung der Rheinlande, will sagen: der besetzten linksrheinischen Gebiete vom Deutschen Reich. Geführt von einem ehemaligen Staatsanwalt, Dr. Adam Dorten, rief eine Gruppe von Separatisten am 2. Juni 1919 die „Rheinische Republik" aus. Regierungssitz des neuen Staates sollte Wiesbaden werden. Von französischer Seite fand die Gruppe zwar Unterstützung, doch die Einwohner Wiesbadens stellten diesen Absichten erbitterten Widerstand entgegen. Auch ließen sich keine weiteren rheinischen Städte als Partner dieser Bestrebungen finden, so dass die Separatisten rasch wieder zurückrudern mussten.

Erneut mit Unterstützung durch die französische Besatzungsmacht rief die separatistische Gruppe im Oktober 1923 eine „Rheinische Republik" aus. Wichtige öffentliche Gebäude – Rathaus, Landeshaus und Regierungspräsidium – wurden von den „Separatisten" besetzt. Die Wiesbadener Polizei wurde entwaffnet, Oberbürgermeister Travers und zahlreiche Beamte wurden ausgewiesen. Sogar wichtige Industriebetriebe waren betroffen: Französische Soldaten besetzten u. a. die Firma Kalle, beschlagnahmten Material und verhafteten sogar den Direktor.

Wie schon 1919 stellte sich die Bevölkerung erneut mit aktiver Gegenwehr und den passiven Widerstandsmitteln Streik und Demonstration gegen diese Versuche und es gelang auf diese Weise, eine vom Deutschen Reich losgelöste „Rheinische Republik" zu verhindern.

Nahezu zeitgleich fanden in Wiesbaden aber auch Aktivitäten statt, die die beiden Staaten Deutschland und Frankreich wieder enger aneinander binden sollten und den Versuch unternahmen, bestehende Feindschaften abzubauen. Hierzu zählen sicher die Treffen des Reichsaußenministers Walther Rathenau mit dem französischen Industriellen und Politiker Louis Loucheur, die ab Sommer 1921 stattfanden und mit dem im Oktober des gleichen Jahres unterzeichneten „Wiesbadener Abkommen" abschlossen. Es ging dabei vor allem um Sachlieferungen des Deutschen Reichs an Frankreich zur Tilgung der Reparationsschulden. Wenn auch dem Abkommen, das in weiten Teilen konservativer Kreise als weiteres Bespiel einer „Erfüllungspolitik" der damaligen Regierung gegenüber den Siegermächten disqualifiziert wurde, der erwartete Erfolg schließlich versagt bleiben sollte: Dem Reichsaußenminister war es immerhin gelungen, den Deutschen *die Tür zur Welt zu öffnen und sie wieder als Verhandlungspartner ins Gespräch zu bringen.*

Kulturelle Blüte

Waren die Zeiten unter wirtschaftlichem und politischem Aspekt auch schwierig, Wiesbaden sollte zeitgleich eine ungeheure kulturelle Blüte erleben. Lange Jahre hatte „Kunst" in Wiesbaden von der Anwesenheit des Kaisers zwar finanziell profitiert (Bau des neuen Theaters, Gründung der Kaiserfestspiele, Bau eines neuen Museums), dabei künstlerisch allerdings eine Stagnation erlebt: Auf der Bühne des Hoftheaters waren Aufführungen in prächtigster Ausstattung und mit besten Sängern und Schauspielern zu erleben, aber die zeitgenössische Kunst des ausgehenden 19. und beginnenden 20. Jahrhunderts – etwa die Stücke Ibsens und Strindbergs – fanden freilich keinen Weg auf die Staatsbühne. Derartige „moderne" Stücke konnte man sich im kaiserlichen Wiesbaden allenfalls auf der einen oder anderen Privatbühne der Stadt ansehen. Ein künstlerischer Aufbruch sollte erst eintreten, als aus dem ehemaligen Hoftheater mit dem Ende des Kaiserreichs ein preußisches Staatstheater wurde, das seit 1920 von dem Intendanten Carl Hagemann geleitet wurde. Dessen Bedeutung besteht darin, dass er sich, beeinflusst von Max Reinhardt und, für die Oper, von Hans Gregor, in seinen Inszenierungen vom Theaterrealismus abwandte und die bekannte „Illusionsbühne" durch seine „Idealbühne" ersetzte; seinen Vorstellungen gemäß strebte er, auch was die Beleuchtung anging, besonders aber in der Dekoration, nach Vereinfachung und Stilisierung. Von 1924 bis 1927 stand ihm Otto Klemperer als Dirigent des Opernorchesters zur Seite. Mit ihm und dem Bühnenbildner Paul Dülberg, selbst u. a. Lehrer am Bauhaus, gelangen mustergültige Inszenierungen, die den Ruf des Hauses als Ort modernen Theaters in ganz Deutschland festigten.

Ungewollte Hilfe erwuchs Hagemann durch einen Theaterbrand, der im März 1923 nach einer Rienzi-Aufführung ausbrach und innerhalb kurzer Zeit den Bühnenraum, die meisten Kulissen und Werkstätten zerstörte. Trotz der Notzeiten der Inflation konnte das Haus jedoch im gleichen Jahr wieder spielen und eröffnete im Dezember mit „Lohengrin". Dadurch, dass die Kulissen und Kostüme der Kaiserzeit ein Raub der Flammen geworden waren, gab es für das Theater unter Hagemann kein Zurück mehr, wenn auch gelegentlich konservative Besucher sich die „prächtigen" Aufführungen, wie sie unter Kaiser Wilhelm II. stattgefunden hatten, wieder auf die Bühne wünschten.

1927 fand ein Intendantenwechsel statt: Auf Carl Hagemann folgte der zuvor am Kasseler Theater tätige Musikologe Paul Bekker, ein profilierter Vertreter der zeitgenössischen Oper. Unter ihm kam es 1928 zur Wiederbelebung der ehemaligen Kaiserfestspiele, die nun unter dem Namen „Maifestspiele" firmierten. Aber nicht nur der Name war neu. Auch das Programm sollte in nichts mehr an die Festspiele des Kaiserreichs erinnern. Es waren nun zeitgenössisches Musiktheater und Schauspiel, Uraufführungen und Erstaufführungen zu erleben, wenngleich das Bühnenbild, im Vergleich zur Ära Hagemann, interessanterweise wieder traditionellere Züge trug.

Parallel zum Opernhaus und seinem Orchester existierte außerdem das städtische Orchester, das seine Konzerte im Kurhaus aufführte. Hier war seit 1912 Carl Schuricht zunächst als erster Dirigent, später als Generalmusikdirektor tätig. Auch er sah das Ende des Kaiserreichs als Befreiung für die Kunst und veranstaltete aus Anlass des 10. Todestag von Gustav Mahler das erste deutsche Mahlerfest (!) in Wiesbaden.

Der bildenden Kunst bot sich in dem 1915 eröffneten Museum eine reiche Entfaltungsmöglichkeit. Dank der Sammlung des Kunstmäzens Heinrich Kirchhoff – er hatte generöserweise seine Bilder dem Museum zur Präsentation überlassen – waren die zeitgenössischen Strömungen vom Expressionismus bis zur Neuen Sachlichkeit gut vertreten. Der Nassauische Kunstverein, bis 1900 Träger der Gemäldegalerie und auch nach 1915 noch im Museum mit Ausstellungen präsent, zeigte ebenfalls vor allem die Kunst der Moderne, die in Wiesbaden ein engagiertes Publikum fand. Es nimmt also nicht wunder, dass die Kunsthändlerin Galka Scheyer, die für Alexej von Jawlensky eine Ausstellung in Wiesbaden organisert hatte, dem Maler in die Schweiz schreiben konnte: *Fabelhafter Erfolg!!! ... Hier haben alle einen Jawlenskyfimmel ... Geld wie Heu*, was ihn sicher mit bewogen hat, 1921 nach Wiesbaden zu übersiedeln.

Alexej von Jawlensky

Der russische Maler Alexej von Jawlensky, der zusammen mit seinen Malerfreunden August Macke, Franz Marc, Wassily Kandinsky, Gabriele Münter und Marianne von Werefkin für den Münchner Expressionismus des „Blauen Reiters" steht, kam 1921 nach Wiesbaden. Er hatte in der Folge des Ersten Weltkriegs sofort als unerwünschter Ausländer München verlassen müssen und lebte seither in der Schweiz.

Zum einen war es eine erfolgreiche Verkaufsausstellung des Nassauischen Kunstvereins in Wiesbaden, die den Maler zu Beginn der 20er-Jahre erkennen ließ, dass es in Deutschland noch (oder besser: wieder) einen Markt für seine Kunst gab. Zum anderen barg der Umzug aus der Schweiz ins Rhein-Main-Gebiet die Chance einer privaten Lebensveränderung, nämlich der endgültigen Trennung von Marianne Werefkin und der Hei-

rat mit Helene Nesnakomoff. In dem Wiesbadener Kunstsamm-
ler Heinrich Kirchhoff fand er darüber hinaus einen wichtigen
Mäzen für seine Arbeiten, in der Malerin und Galeristin Hanna
Bekker vom Rath, der geschiedenen Ehefrau des Wiesbadener
Intendanten Paul Bekker, eine bedeutende Unterstützerin (vor
allem, als sich in den späten 20er-Jahren erste Anzeichen eines
Arthritisleidens bemerkbar machten, das ihn immer öfter und
länger ans Bett fesseln sollte). Sie war es auch, die 1929 einen
„Verein der Freunde der Kunst Alexej von Jawlenskys" initiierte,
der das Ziel verfolgte, dass Jawlensky trotz des von den Natio-
nalsozialisten ausgesprochenen Ausstellungsverbots finanziell
irgendwie überleben konnte. Er starb 1941 in Wiesbaden, auf
dessen Russischem Friedhof er seine letzte Ruhestätte fand.
Dass der Besucher heute im Museum Wiesbaden die größte
Jawlensky-Sammlung Europas findet, geht vor allem auf die
Sammlung der Hanna Bekker vom Rath zurück: Nach deren
Tod im Jahr 1983 gelang es der Stadt Wiesbaden, einen großen
Bestand ihrer Expressionismus-Sammlung mit Schwerpunkt
Jawlensky anzukaufen.

Ein Zitat aus einer 1929 erschienenen Kulturzeitschrift mag
als eindrucksvoller Beleg dafür dienen, welche kulturelle Auf-
bruchsstimmung im Wiesbaden der 20er-Jahre herrschte: *Ist
hier die geträumte Siedlung für deutsche Kunst und Künstler? Sie kann hier werden, eher als in Salzburg oder Weimar.
Denn hier ist Menschenansammlung aus allen Ländern und
Erdteilen, hier sind Festspiele noch heute … Wenn irgendein
Punkt in Deutschland, in Europa, in der Welt bestimmt ist,
die auseinandergefallenen Völker Europas neu zum Verkehr
zu vereinigen: dann diese paradiesische Stadt.*

Englische Besatzung

Am 30. Dezember 1925 wurde die besetzte Stadt von den
Franzosen an die Engländer übergeben, die mit 6000 Mann in
Wiesbaden Quartier bezogen. Wiesbaden war von nun an das
Hauptquartier der britischen Rheinarmee und Sitz der Rhein-
landkommission, bevor diese 1929 schließlich nach Koblenz
verlegt wurde.

Im Gegensatz zur Zeit der französischen Besatzung verliefen die Jahre der englischen Besatzung – sie dauerte bis 1930 – überaus ruhig und ohne, dass größere Zwischenfälle zu verzeichnen gewesen wären. Die Stadt hatte mit dem Besatzungswechsel tatsächlich große Hoffnungen auf eine Beruhigung der Situation, aber auch auf wirtschaftlichen Aufschwung verbunden. Bereits nachdem erste Gerüchte über die Verlegung der interalliierten Rheinlandkommission nach Wiesbaden aufkamen, richtete der Magistrat eine dringende Bitte an den Reichsaußenminister, sich für die englische Besetzung Wiesbadens einzusetzen, *da diese die Kur nicht behindern ...* Denn aufgrund der politischen Umstände hatte sich der Kurbetrieb, der ja durch den Krieg ins Stocken geraten war, auch nach dessen Beendigung nicht erholen können. Zwar waren die Gästezahlen in den Jahren ab 1921 wieder angestiegen, hatten aber nie mehr die der Vorkriegsjahre erreicht. Außerdem muss man feststellen, dass in den Zeiten der Inflation mit einem Mal ein durchaus anderes Publikum als früher in der Weltkurstadt anzutreffen war. Carl Hagemann konstatierte: *Schon im Laufe der letzten Kriegsjahre hatte man über das schlechte Publikum geklagt, das den Kochbrunnen belagerte und den Ruf des Weltbades als Kurort internationaler Geselligkeit ernstlich zu gefährden drohte. Jetzt, nach Kriegsende, nahm die Zahl der fragwürdigen Elemente wieder zu. Wie andere große Badeorte wurde auch Wiesbaden zum Tummelplatz für Neureiche und Schiebertypen aller Art, die nach oben drängten, zu Hause aber nicht recht vorankamen und deshalb nach einer Stadt von mehr neutralem Charakter suchten, wo sie mit Hilfe ihres Geldes und ihrer Unverfrorenheit im Auftreten die ersehnte Rolle spielen konnten.*

Denn aufgrund verschiedenster Probleme in der Stadt war Wiesbaden 1923 zu einer der „billigsten" deutschen Großstädte geworden und mithin plötzlich für Ausländer sehr attraktiv. Für die Wirtschaftreibenden der Stadt musste jedoch der Gewinn entsprechend gering ausfallen. Es ist durchaus nicht übertrieben, wenn man von einem Ausverkauf der Stadt spricht. Rund 20 Hotels, darunter der Nassauer Hof und das Palasthotel, gingen in ausländischen Besitz über. Besonders hemmend wirkte sich der bis zum September 1924 bestehende Passzwang und die Zollgrenze aus. So konnte sich erst nach deren Aufhebung der Fremdenverkehr langsam wieder erholen. Die strukturelle Zusammensetzung der Klientel hatte sich erneut modifiziert: Statt finanzkräftiger Ausländer, wie vor dem Krieg, kamen nunmehr viele deutsche Besucher, die oft nur kurze Zeit blieben, so dass sie von der Kurtaxe nicht erfasst wurden.

Mit unterschiedlichen Angeboten versuchten Stadt und Kurverwaltung in der Folgezeit, weitere Gäste nach Wiesbaden zu locken. Es wurden verstärkt Kongresse und Tagungen an die Stadt gebunden, ja, es lässt sich vielleicht behaupten, dass es bereits die Weimarer Jahre waren, in denen der Wandel von der Kur- zur Kongressstadt seinen Anfang nahm. Aber auch die Errichtung neuer Tennisanlagen, eines Golfplatzes und eines Flugplatzes usw. sollten die Attraktivität Wiesbadens als Urlaubs- und Erholungsort für ein zahlungskräftiges Publikum steigern. Im September 1924 hatte man mit den so genannten „Herbstwochen" noch einmal versucht, an die alten Zeiten anzuknüpfen: Geboten wurden neben einem Wassersportfest und Tennisturnier auch Modenschauen und ein Tanzturnier, sogar ein Automobilturnier mit Schönheitskonkurrenz und einem Blumenkorso. Doch jeder klar Denkende musste erkennen, dass die goldenen Zeiten Wiesbadens als Weltkurstadt endgültig vorbei waren.

Eingemeindungen

Insbesondere durch die Eingemeindung der mittlerweile zur Industrie- und Arbeiterstadt mutierten ehemaligen Residenzstadt Biebrich am Rhein erhofften sich die Wiesbadener Politiker eine Hilfe bei der Lösung ihrer wirtschaftlichen Strukturprobleme. Biebrich wurde – gemeinsam mit Schierstein und Sonnenberg – im Jahr 1926 eingemeindet.

War es bei Biebrich die Gewerbesteuer der großen Unternehmen am Rhein, so war es bei Schierstein die Hoffnung auf Wassergewinnung aus dem Rhein und bei Sonnenberg die Idee, den Kurpark weiter ausdehnen zu können. Dotzheim,

Wiesbaden   Fontaine im Kurgarten.

Albert

In den 1920er-Jahren hoffte man, durch die Eingemeindung Sonnen-
bergs den Kurpark in Richtung Taunus verlängern zu können. – Fotopostkarte, 1910.

ein weiterer Vorort, über den man im Zusammenhang mit den
Eingemeindungen ebenfalls nachgedacht hatte, war damals
außen vor gelassen worden, da die bürgerliche Kernstadt
Angst bekam, die Arbeitergemeinde Dotzheim könnte die
politische Landschaft zu sehr verändern. Doch bei einer zweiten Eingemeindungswelle im Jahr 1928 wurde dann Dotzheim
mit den bisher ebenfalls selbstständigen Gemeinden Bierstadt, Erbenheim, Frauenstein, Georgenborn (1938 wieder
ausgemeindet), Heßloch, Igstadt, Kloppenheim und Rambach
zu Stadtteilen Wiesbadens. Ursache dafür war vor allem die
Auflösung des Landkreises Wiesbaden, dessen Gebiet ab dem
1. April 1928 umstrukturiert wurde.

Abzug der Besatzungstruppen

Am 30. Juni 1930 räumten die Besatzungsmächte das gesamte
Rheinland. In Anwesenheit von Reichspräsident von Hinden-
burg und Reichskanzler Brüning wurde auf der Festung Ehren-

breitstein bei Koblenz die Befreiung der Rheinlande mit einem Festakt begangen. Doch auch in Wiesbaden fanden festliche Feiern statt. Diese sollten auf Wunsch der Stadtverordnetenversammlung jedoch in bescheidenem Rahmen abgehalten werden. Man illuminierte immerhin das Rathaus und die Umgebung des Schlossplatzes, auch wurde die Wilhelmstraße festlich geschmückt, und das Kurhaus nahm spezielle Veranstaltungen in sein Programm auf. Höhepunkt war fraglos die Darbietung des Festspiels „Deutschlands Strom", das aus der Feder des Reichskunstwarts Edwin Redslob stammte, und auf dem Festplatz „Unter den Eichen" zur Aufführung gelangte

Wieder verband die Stadt mit dem Abzug der Besatzer große Hoffnungen auf die Erholung der Kur. Doch hatte mit dem „Schwarzen Freitag", dem 25. Oktober 1929, erneut eine Krise der Weltwirtschaft begonnen, die diese Hoffnungen schnell zunichte machen sollte. Ein so prekäres Konstrukt wie ein Kurbetrieb hatte darunter besonders stark zu leiden und erwies auch jetzt wieder seine außenordentliche Krisenanfälligkeit: Die Zahl der Kurgäste nahm stark ab und betrug 1933 kaum noch 93 000 – eine Zahl, die übrigens noch geringer war als im bis dahin schlechtesten Nachkriegsjahr 1924.

Zu Beginn der 30er-Jahre wurde in Wiesbaden ein Plan realisiert, der, auch wenn er im ersten Augenblick fremd erscheinen mag, seine Wurzeln bereits in der Stadt des 19. Jahrhunderts hatte: Im Sommer 1932 feierte man gegenüber dem Hauptbahnhof die Einweihung der Reisinger-Brunnen-Anlagen. Diese waren eine Stiftung des Deutsch-Amerikaners Hugo Reisinger, der 1914 verstorben war und der Stadt einen Teil seines Vermögens vermacht hatte. Mit dem Geld sollte eine Gartenanlage finanziert werden, die einer alten Idee einen neuen Akzent geben sollte. Die alten Bahnhöfe Wiesbadens hatten am Ende der Wilhelmstraße gelegen. Wer also aus Frankfurt mit der „Taunusbahn" nach Wiesbaden fuhr, dem wurde suggeriert, er fahre direkt in den Taunus. Tatsächlich sah er sich, hatte er in Wiesbaden den Bahnhof verlassen, einer Allee gegenüber, die zum ersten Kurpark, dem „Warmen Damm", und schließlich zum eigentlichen Kurpark und von dort in Richtung Sonnenberg wirklich zu den Taunushügeln um Wiesbaden

Luftaufnahme von Süden auf die Reisinger- und Herbert-Anlage. Durch die finanzielle Unterstützung der Mäzene Reisinger und Herbert erhielt Wiesbaden eine Grün- und Parkanlage, die sich noch heute vom Hauptbahnhof bis zum Rand der Innenstadt erstreckt. – Postkarte, um 1938.

führte. Seitdem aber der neue Bahnhof 1906 ein ganzes Stück südlicher erbaut worden war, fehlte eine Grünanlage, um dieser alten Idee – von der Bahn durchs Grüne zum Taunus – weiterhin gerecht werden zu können. Die neue Reisinger-Anlage sollte nun diesen Anspruch einlösen. Wer seither (ab 1932) aus dem Bahnhof kommt, erblickt ein breites Wiesental mit den dahinter „verblauenden" Taunusbergen.

Im Grunde atmet diese Anlage den Geist englischer Parks. Am westlichen Rand der Anlage stößt der Besucher jedoch auf ein Bassin mit Wasserspielen und einer Quellnymphe des Künstlers Arnold Hensler, daneben findet er auch gestutzte Rabatten mit Sitznischen, wie sie eher aus dem klassischen französischen Park bekannt sind, aber ebenso als typisches Element eines Kurparks gelten können.

Damit war ein Anfang gesetzt, die alte Idee des 19. Jahrhunderts wieder aufzugreifen. Als schließlich ein weiterer

Mäzen, der Apotheker Adam Herbert, Geld zur Verfügung stellte, um die Reisinger-Anlage in Richtung Innenstadt zu verlängern, war durchaus eine Besonderheit entstanden: Mitten in einer Großstadt, die, nach den Eingemeindungen der 20er-Jahre rund 160 000 Einwohner zählte, hatte man eine große Grünachse gestaltet, die bis heute die Stadt durchzieht und das Flair der alten Weltkurstadt noch einmal aufleben zu lassen versuchte – just zu jenem Zeitpunkt, als immer deutlicher wurde, dass es mit der Zeit der Kur vorbei war und die Stadt sich eigentlich den Anforderungen und Problemen einer modernen Großstadt stellen sollte.

Wiesbaden 1933–1945

Wenn wir nun zur Behandlung Wiesbadens unter der national-sozialistischen Herrschaft fortschreiten, so gilt es, nicht die Augen vor der Tatsache zu verschließen, dass die nationalso-zialistische Partei schneller als im übrigen Reichsgebiet Zulauf fand. Bereits aus den Reichstagswahlen von 1930 konnte die NSDAP mit knapp 27 000 Wählern als stärkste Partei hervor-gehen. Nach einem Wahlkampfauftritt Adolf Hitlers am 28. Juli 1932 in Wiesbaden – der „Führer" landete auf der zum Flughafen umgebauten ehemaligen Pferderennbahn in Erben-heim – erhielt die Partei bei der wenige Tage später stattfinden-den Wahl vom 31. Juli 1932 mit rund 42 500 Stimmen den mit Abstand meisten Zuwachs und lag somit prozentual erneut deutlich über Reichsdurchschnitt. Als Erklärung für dieses Wahlverhalten haben die Historiker zwei Erklärungen anzu-bieten (die sich sowieso nicht unbedingt ausschließen): Zu den Besatzungsmächten war das Verhältnis der Wiesbadener Bürger, beschönigend formuliert, ein eher gespanntes. Bei vie-len Wählern dürfte jedoch die soziale Situation der Stadt, die durch den Niedergang der Kurindustrie in eine schier unlös-bare Finanzkrise geraten war, der entscheidende Faktor für ihre Entscheidung gewesen sein. Wiesbaden sollte schließlich 1934 wegen seiner schlechten Finanzlage, der hohen Arbeits-losenquote und der großen Zahl von Fürsorgempfängern sogar zur „Notstandsgemeinde" erklärt werden.

Repressalien

Nach der Machtübernahme 1933 wurde am 8. März zum ers-ten Mal die Hakenkreuzfahne offiziell am Rathaus gehisst. Von Dezember 1933 an galt in Wiesbaden wie im übrigen Reich ein neues Gemeindeverfassungsgesetz, das die alten demokratischen Strukturen der Gemeindeverfassung vom

Tisch fegte: Das Entscheidungsrecht demokratisch gewählter Bürgervertreter war hiermit abgeschafft.

Sowohl die jüdische Bevölkerung wie auch die in der politischen Opposition engagierten Menschen waren, wie überall in Deutschland, vom ersten Tag an der Herrschaft der Nationalsozialisten Repressalien und Ausgrenzung, Verhaftung und Verfolgung ausgesetzt. Aber auch in der Kunstszene zeigte sich sogleich, dass die neuen Herren ihre eigenen Vorstellungen davon hatten, was hinfort als „deutsche Kunst" zu gelten habe. Die ab 1928 wieder eingeführten Maifestspiele, die unter Intendant Paul Bekker, einem der renommiertesten Musikologen der Zeit, wieder etabliert worden waren – nun mit einem Schwerpunkt auf der zeitgenössischen Musik – sollten unter seinem Nachfolger Carl von Schirach, dem Vater des nationalsozialistischen Reichsjugendwarts Baldur von Schirach, zwar weitergeführt werden, nun aber im Rahmen von „Gaukulturwochen". Im Wiesbaden Museum wurde die bedeutende Sammlung expressionistischer Kunst, die der Sammler und Mäzen Heinrich Kirchhoff dem Haus zur Verfügung gestellt hatte, als „entartete Kunst" auf Druck der NSDAP aus dem Museum geräumt.

Das Bild Wiesbadens als einer *Stadt des ewigen Sonntags*, wie es in der Erinnerung aus der Kaiserzeit in den Köpfen vieler Menschen noch vorhanden war, passte im Grunde sehr gut zu der Vorstellung, die die Nationalsozialisten propagierten. Die Idee der „KdF"-Bewegung ließ sich wunderbar mit der alten Kurstadt verbinden. Wo noch 20 Jahre zuvor die Reichen der Welt ein elitäres Dasein genossen hatten, sollten bald, nach der Vorstellung der Nationalsozialisten, Volksgenossinnen und Volksgenossen aller Schichten flanieren, um sich vom grauen Alltag zu erholen. Tatsächlich ging der Plan zumindest vordergründig auf: Die Zahl der Kurgäste stieg von gut 90 000 im Jahr 1933 auf 150 000 in den Jahren vor dem Zweiten Weltkrieg. Und obwohl es eigentlich gar nicht zur Stadt der Kur und der Kultur des schönen Lebens passte, zog nach *Wiederherstellung der Wehrhoheit im Reich* im Oktober 1936 auch wieder Militär in die Stadt. Wiesbaden wurde Sitz des Wehrkreises XII. bzw. des Generalkommandos des XII. Armeekorps (bei Kriegseinsatz).

Die jüdische Gemeinde

Wie im ganzen Reich begann auch in Wiesbaden 1938 die letzte Phase der Leiden der jüdischen Bevölkerung. Am 28. Oktober und 10. November wurden alle in Wiesbaden lebenden Ostjuden – es handelte sich um eine Zahl, die auf etwa 250–300 Personen geschätzt wird – nach Polen abgeschoben. In der Nacht vom 9. auf den 10. November wurde die Synagoge auf dem Michelsberg niedergebrannt, die zweite Synagoge, die sich in der Friedrichstraße befand, wurde stark beschädigt. Aber auch die Synagoge im Stadtteil Schierstein wurde niedergebrannt, die Gebetshäuser in Biebrich und Bierstadt wurden verwüstet.

Den Jahren der Ausgrenzung und Verfolgung folgten schließlich die der Deportation und Vernichtung: Im Frühjahr 1942 waren die ersten Deportationen erfolgt, die beiden großen Deportationszüge fanden jedoch am 10. Juni und 30. August des Jahres statt. Es wurden 371 bzw. 514 jüdische Bürgerinnen und Bürger in die Vernichtungslager verschleppt. Vor der letzten dieser Deportationen hatten 40 Wiesbadener Juden aus Verzweiflung Selbstmord begangen; für die Jahre ab 1933 geht die lokale Forschung von über 100 Suiziden aus, den die jüdischen Mitbürger in ihrer ausweglosen Lage verübten. Ein letzter Transport in die Todeslager rollte am 18. Februar 1945 aus dem Wiesbadener Bahnhof: Die rund 3000 Mitglieder umfassende jüdische Gemeinde Wiesbadens war endgültig ausgelöscht. (Nur etwa ein Dutzend Überlebender kehrte nach dem Krieg wieder zurück!)

Deutsch-französische Waffenstillstandskommission

Trotz des Kriegsalltags, der ab September 1939 in Wiesbaden einzog, war für viele Einwohner die Vorstellung, die Stadt könnte in irgendwelche Kampfhandlungen oder Luftangriffe einbezogen werden, sehr abwegig. Diese Hoffnung wurde noch dadurch verstärkt, dass vom 30. Juni 1940 bis 1944 eine deutsch-französische Kommission in Wiesbaden tagte, die die

Durchführung des Waffenstillstandsvertrages vom 22. Juni 1940 zwischen den beiden Staaten regeln und überwachen sollte. Die Einsetzung der Kommission war in Artikel 22 der Kapitulation bestimmt worden: *Die Durchführung des Waffenstillstandsvertrages regelt und überwacht eine deutsche Waffenstillstandskommission, die ihre Tätigkeit nach den Weisungen des deutschen Oberkommandos ausübt. Aufgabe der Waffenstillstandskommission ist ferner, die erforderliche Übereinstimmung dieses Vertrages mit dem italienisch-französischen Waffenstillstandsvertrag sicherzustellen.* Zum Arbeitsgebiet gehörten die Kontrolle der Demobilmachung und Entwaffnung der französischen Armee, die Kontrolle der französischen „Übergangswehrmacht", deren Bewaffnung und Unterbringung, der Rüstungswirtschaft beziehungsweise Abrüstung, allgemeine wirtschaftliche Fragen, Auslieferung von Kriegs- und Zivilgefangenen und anderes. Die eigentlichen

Hotel Nassauer Hof, Eingang   Hotel Rose, Wohnsitz der französischen Abordnung

Die politische Welt traf sich in Wiesbaden, als nach dem Frankreichfeldzug 1940 Franzosen, Italiener und Deutsche in den Wiesbadener Hotels über einen zukünftigen Friedensvertrag beratschlagten. – Postkarte, nach 1940.

Verhandlungen wurden in „Unterkommissionen" geführt (insbesondere Unterkommission für Heeresfragen, Unterkommission für Marinefragen, Unterkommission für Luftwaffenfragen, Unterkommission für Rüstungswirtschaft).

Wie schon in den Jahrhunderten zuvor, in denen häufig die ungezwungenere Atmosphäre einer Kurstadt für diplomatische Verhandlungen gesucht worden war, fern vom strikten Zeremoniell des Hofes oder den festen Verhaltensregeln einer Hauptstadt, wählte man auch jetzt wieder eine Kurstadt als Treffpunkt der Unterhändler. Die deutsche Delegation wohnte im „Nassauer Hof", die französische Abordnung in der „Rose" am Kranzplatz. Die Gärten der beiden Häuser stießen an ihren Rückfronten zusammen, so dass es für die handelnden Personen möglich war, statt durch den offiziellen Vordereingang, sich einander – unter Umgehung des Protokolls – über die Gartenseite zu besuchen.

Auch wenn die Verhandlungen bis zum September 1944 andauerten, so hatte sich die Erwartung, dass Wiesbaden deshalb von Bombentreffern verschont bleiben werde, dennoch als falsch erwiesen: Im Herbst 1943 wurde Wiesbaden zum ersten Mal Ziel eines Angriffs; weitere größere Angriffe sollten vor allem im Jahr 1944 und noch im Februar 1945 erfolgen.

Widerstand

Mit Generaloberst Ludwig Beck und dem Studienrat Hermann Kaiser kennt Wiesbaden zwei Vertreter des Widerstands gegen die Nationalsozialistische Bewegung, die, wenn auch auf ganz unterschiedliche Weise, aktiv an dem versuchten Staatsstreich vom 20. Juli 1944 teilnahmen. Beide wurden in der Folge des Attentatsversuchs hingerichtet. Beck wurde noch am 20. Juli erschossen, nachdem er zuvor vergeblich versucht hatte, sich das Leben zu nehmen. Hermann Kaiser wurde im Anschluss an ein Verfahren vor dem berüchtigten Volksgerichtshof in Berlin-Plötzensee durch den Strang hingerichtet. Vielleicht war es die Verbindung beider zu Wiesbaden, die die Gestapo veranlasste, in einer so genannten „Aktion

Gitter" nahezu 190 Personen aus Wiesbaden zu verhaften, denen Unterstützung der Verschwörung vorgeworfen wurde. Wobei, wie sich herausstellte, die wenigsten davon ein Mitwissen besaßen.

Der Widerstand der „ersten Stunde" kam in Wiesbaden jedoch weniger von bürgerlicher Seite, sondern aus den Kreisen der Sozialdemokraten und Kommunisten: Der Bekannteste unter ihnen ist sicher der spätere Oberbürgermeister der Stadt Wiesbaden und Präsident des Hessischen Landtags, Georg Buch. Den damaligen SPD-Stadtverordneten und Unterbezirksvorsitzenden für Wiesbaden hatte man aufgrund seiner politischen Tätigkeit bereits im September 1933 für einige Wochen in Schutzhaft genommen, die Jahre 1941 bis 1945 musste er in verschiedenen Gefängnissen und später in Konzentrationslagern verbringen.

Wiesbaden seit 1945

Mit dem Einmarsch amerikanischer Truppen in die Stadt in den Mittagsstunden des 28. März sollte für Wiesbaden der Zweite Weltkrieg sein Ende finden. Dieser ging ohne Kampfhandlungen oder Zwischenfälle von statten, hatten sich doch Wehrmacht und Polizei zuvor kurzerhand abgesetzt.

Wie bei so vielen anderen Städten in Deutschland auch, war Wiesbaden noch kurz vor Kriegsende die ganze Wucht des totalen Krieges nicht erspart geblieben, als nämlich in der Nacht vom 2. zum 3. Februar 1945 große Teile der Innenstadt, darunter zahlreiche Schulen, Krankenanstalten, Verwaltungsgebäude und mehrere tausend Wohnungen Opfer eines Luftangriffs wurden. Aber auch das Herz der Stadt, das Kurviertel, war in Teilen zerstört, der große Saal des Kurhauses lag in Trümmern.

Freilich, verglichen mit den übrigen Städten des Rhein-Main-Gebiets – Frankfurt oder Mainz, die zu 70 bzw. 80 Prozent zerstört waren – beliefen sich die Schäden in der Innenstadt auf „nur" 25 Prozent. Aufgrund dessen erschien Wiesbaden der amerikanischen Besatzungsmacht als *weitgehend unzerstörte Stadt* und damit lebensfähig genug, die Hauptstadt eines neuen Landes, des aus Teilen der früheren Provinz Hessen-Nassau und des ehemaligen Volksstaats Hessen gebildeten „Groß-Hessen" zu werden.

Die hessische Landeshauptstadt

Der „Wiesbadener Kurier", der am 1. Oktober 1945 von der amerikanischen Besatzungsmacht als vierte Zeitung in Hessen eine Lizenz erhalten hatte, konnte gleich in seiner ersten Ausgabe eine Aufsehen erregende Nachricht drucken: Newman, der Chef der Militärregierung, habe am 1. Oktober mitgeteilt, Wiesbaden solle die Hauptstadt eines neu geschaffenen „Groß-Hessen" werde. Aus welchem mit Annahme der Verfassung des Landes durch eine Volksabstimmung am 1. Dezember 1946 dann das Land „Hessen" wurde. In den 50er-Jahren verstärkte zudem die Bundesregierung die Ministerialverwaltung durch Ansiedelung diverser Bundesbehörden wie z. B. des Bundeskriminalamtes (1953) und des Statistischen Bundesamtes (1955). Während die Ministerien in den Behörden- und Verwaltungsbauten der nassauischen und preußischen Zeit untergebracht waren, bestimmte man das Stadtschloss zum Sitz des neuen hessischen Parlaments. An der Stelle, wo einst die herzogliche Reithalle gestanden hatte, baute man in den Jahren 1959 bis 1962 einen neuen Plenarsaal. Dieser wurde jedoch bereits 2004 wieder abgerissen und bis 2008 durch einen Neubau ersetzt.

Als eine Besonderheit verdient die Hessische Staatskanzlei, der Sitz des Ministerpräsidenten, hervorgehoben zu werden. Diese war lange Zeit unzureichend und *wenig repräsentabel* untergebracht und konnte 2004 in das ehemalige Grandhotel „Rose" einziehen. So wurde der Kochbrunnenplatz, das alte Kurviertel Wiesbadens, das nach dem Ende der Gesellschaftskur verwaist schien, als „Regierungsviertel" neu belebt und nicht wenig aufgewertet.

Die für Wiesbaden vorteilhafte Behandlung durch die Entscheidung der Besatzer ließ bald das Gerücht aufkommen, die Stadt sei bewusst von den Amerikanern verschont worden, da diese ihr späteres Hauptquartier hierhin verlegen wollten: *Wiesbaden tun sie schonen, denn hier woll'n sie wohnen,* hieß es im Volksmund. Doch haben gerade Arbeiten der jüngsten Zeit nachgewiesen, dass die Rettung der Stadt eher schlechtem Wetter als dem Mitleid der Alliierten zu verdanken war.

Die besondere Situation Wiesbadens machte im Rhein-Main-Gebiet rasch die Runde, so dass eine Binnenwanderung entstand, wie sie kaum eine andere deutsche Großstadt erlebte. Innerhalb eines knappen Jahres erhöhte sich die Einwohnerzahl von 125 000 zu Kriegsende auf rund 200 000, was einem Anstieg um 60 Prozent entsprach. Allerdings muss die Bevölkerung der drei rechtsrheinischen Mainzer Stadtteile Kastel, Kostheim und Amöneburg mitgerechnet werden, die, da die Amerikaner und Franzosen den Rhein als Grenze der Besatzungsgebiete festlegten, der neuen hessischen Landeshauptstadt zugeschlagen wurden.

Ist rechts des Rheins auch noch Mainz?

Als im Zuge des Reichsdeputationshauptschlusses (1803) verfügt worden war, dass die kurmainzer Gebiete auf dem rechten Rheinufer nassauisch werden sollten als Entschädigung für Nassaus verlorene linksrheinische Territorien, ließ Napoleon freilich den Beschluss für die Dörfer Kastel, Kostheim und Amöneburg rasch wieder aufheben, sollte doch seine neue französische Stadt *Mayence* einen Brückenkopf auf der anderen Rheinseite erhalten. Diese Regelung hatte immerhin bis 1945 Bestand – mit den bereits beschriebenen Folgen für die Industrialisierung am Rhein: Hatte der Herzog eine industrielle Ansiedlung in seiner Residenz Biebrich verboten, zog der Fabrikant nur wenige hundert Meter weiter und eröffnete seine Fabrik eben auf Mainzer Gelände.

Diese drei rechtsrheinisch gelegenen Mainzer Stadtteile wurde am 15. Juli 1945 im Zuge der Bildung der Besatzungszonen dem Regierungsbezirk Wiesbaden angeschlossen und dem Stadtkreis Wiesbaden eingegliedert. Der Rhein sollte fortan die Grenze bilden zwischen der französischen und amerikanischen Besatzungszone, was auch später, bei der Bildung der beiden Bundesländer Rheinland-Pfalz und Hessen, nicht mehr revidiert wurde.

In den drei Stadtteilen ist dies – erstaunlicherweise – bis heute Gegenstand teilweise heftiger lokalpatriotischer Debatten. Als symbolische Geste durften die drei Wiesbaden zugeordneten Stadtteile aber den Vorsatz „Mainz-" beibehalten. Ein Kuriosum sind daher die Ortseingangsschilder, auf denen etwa zu lesen ist: Landeshauptstadt Wiesbaden Stadtteil Mainz-Kastel. Auch heute noch wird übrigens im städtischen Haushalt der Stadt Wiesbaden der Haushalt für die Stadtbezirke Amöneburg, Kastel und Kostheim gesondert ausgewiesen!

Der Einfluss der Amerikaner

Die amerikanische Besatzungsarmee fand an der Stadt offenbar gefallen; also begann man, zahlreiche Wohnungen, die meisten Hotels und viele Villen zu beschlagnahmen. Das Landeshaus am Kaiser-Friedrich-Ring wurde zum ersten US-Hauptquartier, der Flughafen Erbenheim war mit einem Mal das europäische Hauptquartier der US Air Force. Zeitweise waren 30 000 US-Amerikaner in der neuen hessischen Lan-

Der Flughafen Erbenheim, der von den Amerikanern als Militärflughafen benutzt wird, faszinierte von Anfang an die an neuester Technik interessierte (meist männliche) Jugend. Bei öffentlichen „Flugtagen" besuchten Tausende von Menschen das Gelände. Hier inspiziert eine Schulklasse der Wiesbadener Dilthey-Schule eine amerikanische Militärmaschine. – Foto, 1950er-Jahre.

deshauptstadt stationiert, zu den Soldaten sollten sich bald auch deren Familienangehörige gesellen. Und rasch waren die Besatzer der größte Arbeitgeber in Wiesbaden.

Große Geschichte wurde dann in Wiesbaden geschrieben, als die US-Luftwaffe von Juni 1948 bis September 1949 das durch die Sowjetunion abgeriegelte Berlin aus der Luft versorgte. Das Oberkommando der Luftbrücke hatte seinen Sitz in einem ehemaligen Hotel am Kranzplatz; von hier aus wurde die großartige Aktion gesteuert und logistisch gelenkt.

Einen ganz anderen Versuch der logistischen Steuerung hatten die Amerikaner bereits im Sommer 1945 unternommen, dem zwar zunächst Erfolg beschieden war, der langfristig aber dennoch leider als gescheitert angesehen werden muss: Als das im April 1945 von den Amerikanern besetzte Leipzig aufgrund der Bestimmungen der Konferenz von Jalta zum 1. Juli 1945 an die russischen Besatzer übergeben werden sollte, war einigen Verlegern seitens der amerikanischen Militärbehörde das Angebot unterbreitet worden, ihre Verlage in den Westen zu transferieren – und zwar nach Wiesbaden. Unter diesen befanden sich der Verlag Georg Thieme (Naturwissenschaften, Medizin), der Brockhaus-Verlag, der Insel-Verlag und die Dieterich'sche Verlagsbuchhandlung (Weltliteratur, Sammlung Dieterich). Von den Musikverlagen war unter anderen der renommierte Verlag „Breitkopf und Härtel" angesprochen worden. Das Angebot an die Verlage erging am 30. Mai; die Umsiedlung erfolgte am 12. Juni – den Verlegern blieb also nur sehr wenig Zeit für ihre Entscheidung.

Es konnte den Verlagen in Wiesbaden ein ehemaliges Badehaus, der „Pariser Hof", als Quartier zugewiesen werden. Über Nacht quasi war Wiesbaden zur bedeutenden Verlagsstadt geworden. Da sich im gleichen Haus außerdem Max Niedermayer mit seinem neuen Limes-Verlag ansiedelte, der mit Gottfried Benn einen der wichtigsten Autoren der Nachkriegsliteratur im Programm hatte, wurden die „Spiegelgasse" und der „Pariser Hof" bald zum zentralen Ort der westdeutschen Verlagslandschaft. Fast alle der genannten namhaften Verlage sind allerdings nach einiger Zeit weggezogen. Frankfurt, nicht Wiesbaden, wurde die Stadt der Literatur in Westdeutschland.

Wiedereinführung der Spielbank

Am meisten schmerzte die Wiesbadener, vor allem die Kur- und Stadtverwaltung, die Umwandlung des teilzerstörten Kurhauses zum „Eagle Club", der für die Unterhaltung der Soldaten sorgen sollte. Für alle diejenigen, die an die alten Zeiten der Weltkurstadt anknüpfen wollten, war das Gesellschaftshaus das Herz des Kurbetriebs. Zwar erlaubten die Amerikaner 1949 die Öffnung des Hauses für ein Konzert zu Ehren des Bundespräsidenten Theodor Heuss, der Wiesbaden einen Besuch abstattete, doch sollte es noch bis 1954 dauern, bis es komplett an die Stadt zurückgegeben wurde.

Zu dieser Zeit rollte bereits seit fünf Jahren wieder die Roulettekugel. Bei der Überlegung, wie man als Stadt und Land Einnahmen generieren könne, war man bald auf die Idee gekommen, das Glückspiel wieder einzuführen. Schließlich lebte man nicht mehr in Preußen, in dem ein Glücksspielverbot bestanden hatte, sondern im noch jungen Bundesland Hessen. Deshalb gab es eigentlich keinen Grund mehr, warum man nicht wieder an die alte Tradition einer Spielbank anknüpfen sollte: Kurzerhand wurde das unzerstörte Foyer des Theaters zum Kasino umfunktioniert. Mit der Übernahme des Kurhauses durch die Stadt zog die Spielbank in dessen ehemaligen Weinsalon um.

Gleich bei der Wiedereinführung des Glücksspiels kam es zu Diskussionen, wozu man das Geld, das die Stadt künftig einnehmen werde, zu verwenden sei: Könnten damit die Kurkolonnaden wieder aufgebaut werden? Oder sollte man es lieber für soziale Projekte und die Sanierung der Schulen verwenden? Im Grunde existierten zwei Lager, deren Auffassungen kaum miteinander in Einklang zu bringen waren. Die eine Gruppe suchte den Weg zurück zur Kurstadt und stellte Überlegungen an, wie man die Wiesbadener Tradition, die sich im 19. Jahrhundert ja so vorzüglich bewährt hatte, in einem zeitgemäßen Gewand fortsetzen könne. Die andere sah Wiesbaden als moderne Großstadt, deren Badetradition eine zukunftsorientiere Entwicklung eher behindere als fördere. Ja, man kann sagen: Viele der politischen und wirtschaftlichen

Entscheidungen ab 1945 lassen sich diesem grundsätzlichen Richtungsstreit zuordnen.

Zunächst schien es so, dass sich die Vertreter der Kurtradition durchsetzen würden. Zu Beginn der 50er-Jahre schrieb Oberbürgermeister Redlhammer in einem Rückblick auf seine Amtszeit: *Nicht außer Acht gelassen werden durfte die gute alte Tradition Wiesbadens als Kurstadt ... Die Ausweitung der wirtschaftlichen Leistungskraft durfte also niemals durch Heranziehung von Gewerben bewerkstelligt werden, die Lärm, Rauch und Staub verursachen*, und nahm damit eine Position ein, die auch von Oberbürgermeister von Ibell schon Ende des 19. Jahrhunderts so hätte formuliert werden können. So war bereits im Sommer 1948 am Kochbrunnen wieder die Trinkkur eröffnet worden; da die Wandelhalle nur geringe Schäden davongetragen hatte, begann man dort bald damit, wieder Kurkonzerte zu veranstalten. Die zerstörte Brunnenkolonnade, das Bindeglied zwischen Kurhaus und Wilhelmstraße, war bis 1952 wieder aufgebaut und barg jetzt sogar eine Trinkhalle. Im Dezember des Vorjahres hatte mit Beethovens Ouvertüre „Die Weihe des Hauses" die Einweihung des großen Saals des Kurhauses stattgefunden. Das Kurhaus war fortan zweigeteilt: Der nördliche Teil mit dem kleinen Saal im Zentrum stand weiter den Amerikanern zur Verfügung, der südliche Teil mit dem großen Saal durfte durch die Stadt Wiesbaden genutzt werden.

Bereits zuvor war ein wichtiger Schritt in Richtung Normalisierung unternommen worden, indem mit der Etablierung der „Internationalen Maifestspiele" 1950 an die Tradition der Kaiserfestspiele und der Maifestspiele der 20er-Jahre angeknüpft werden konnte. Der gesellschaftlich repräsentative Aspekt sollte künftig allerdings hinter dem künstlerischen und völkerverbindenden zurücktreten. Nach der Isolation durch die Jahre des Nationalsozialismus und vor allem des Krieges war es erklärtes Ziel, die Kontakte zum Theaterleben anderer Länder wiederherzustellen. Es gab aber nicht nur den kulturellen Glanz durch Gastspiele wie z. B. der Staatsoper Wien, die Anfang der 50er-Jahre in Wiesbaden großartige Aufführungen zeigte, zum Wiesbaden der Nachkriegszeit gehörte nicht weni-

Wiesbaden vom Dach des Statistischen Bundesamtes aus. –
Foto, 1950er-Jahre.

ger der Glamour der Filmindustrie, die sich mit verschiedensten Abteilungen im Wiesbaden der Nachkriegszeit niedergelassen hatte.

Filmstadt Wiesbaden: Von der UFA zum ZDF

Als sich Ende der 40er-Jahre eine Ufa-Tochter, das Afifa-Kopierwerk, in Wiesbaden niederließ, begann für die hessische Landeshauptstadt plötzlich eine große Zeit als Filmstadt. Zahlreiche Institutionen und Verbände rund ums Filmgeschäft wie die Spitzenorganisation der Filmwirtschaft (SPIO), die Freiwillige Selbstkontrolle der Filmwirtschaft (FSK), das Deutsche Institut für Filmkunde (DIF) und die Friedrich-Wilhelm-Murnau-Stiftung siedelten sich in Wiesbaden an – und sind bis heute geblieben. Ein Grund für diese Entwicklung war die Isolation, in die die bisherige „Filmstadt" Berlin durch die sowjetische Blockade geraten war. Filmproduzenten waren deshalb gezwungen, sich nach neuen Wirkungsstätten umzusehen. In den Wiesbadener Filmstudios „Unter den Eichen" entstanden zahlreiche Filme mit deutschen Nachkriegsstars, am bekanntesten vielleicht „Wenn der weiße Flieder wieder blüht" (1953) mit der jungen Romy Schneider. Ab Mitte der 50er-Jahre begann die Erfolgsstory vom *Hollywood am Kochbrunnen* erste Risse zu bekommen. Das Ufa-Vermögen war in der Folge diverser Prozesse aufgelöst worden, so dass die ehemaligen Tochterfirmen schnell in eine Finanzkrise gerieten. 1964 ließ sich schließlich das Fernsehen in den ehemaligen Filmstudios nieder. Das ZDF sollte für mehr als 20 Jahre in Wiesbaden bleiben, bevor es für immer nach Mainz umzog. Heute befinden sich auf dem Mediengelände „Unter den Eichen" noch immer Firmen aus dem Bereich Film-, Fernseh- und Videoproduktion, doch die ganz große Zeit der Film- und Fernsehstadt Wiesbaden ist wohl vorbei.

Von der Kur- zur Kongressstadt

Der endgültige Übergang von der Kur- zur Kongressstadt lässt sich vielleicht am deutlichsten an der Eröffnung der Rhein-Main-Halle im Jahr 1957 festmachen. Auf halbem Wege zwischen Bahnhof und Kurhaus, am südlichen Ende der Wilhelmstraße, entstand eine Halle für mehrere Tausend Besucher. Damit trug man der Tatsache Rechnung, dass zwar rund 250 000 Gäste in den späten 50er-Jahren nach Wiesbaden kamen, davon aber nur noch 3,2 Prozent als Kurgäste im eigentlichen Sinne bezeichnet werden konnten. Wer stattdessen anreiste, das waren Kongress- und Messegäste. Auch auf diesem Gebiet besaß Wiesbaden eine lange Tradition, hatte doch der überhaupt erste Kongress für innere Medizin bereits im Jahre 1882 im Kurhaus getagt. Und seitdem treffen sich die Internisten dort Jahr für Jahr. Es war abzusehen, dass für diese mehrere Tausend Teilnehmer zählenden Tagungen das Kurhaus aber längerfristig nicht ausreichen würde. Auch gehörte zu einer Großstadt wie Wiesbaden eigentlich ein Veranstaltungsort für Großspektakel der Unterhaltungsindustrie, wo große Shows für das Fernsehen (Hans-Joachim Kulenkampff, Lou van Burg) aufgenommen werden konnten.

Ernst May als Stadtplaner für Wiesbaden

Während sich die Etablierung des Kongresswesens in der Stadt durchaus noch in die Traditionen der Weltkurstadt einreihen lässt, muss man die Berufung des Stadtplaners Ernst May zum Planungsbeauftragen der Stadt Wiesbaden im Jahr 1961 als „Sieg" all derjenigen deuten, die die hessische Landeshauptstadt stärker als Großstadt positionieren wollten. Ernst May war in den 1920er-Jahren vor allem durch sein Wirken in Frankfurt am Main bekannt geworden, wo er großzügige Neubaugebiete entworfen hatte, die aufgrund des damaligen Wohnungsmangels dringend benötigt worden waren. Als Grundlage seiner Planung wird man die für die damalige Zeit revolutionären Ideen des Bauhauses ansehen. Auf Mays Schaffen, das als „Neues Frankfurt" in die Architekturgeschichte einging, waren unter anderem die Römerstadt (1927–1929) und die Heimatsiedlung (1927–1934) zurückzuführen. Nach seiner Rückkehr aus dem Exil hatte er sich maßgeblich am Wiederaufbau der zerstörten Städte Hamburg und Bremen beteiligt. May hatte sich in den Jahrzehnten seit seinem Wirken in Frankfurt naturgemäß weiterentwickelt, orientierte er sich doch nun viel stärker an den aktuellen Leitbildern der *gegliederten und aufgelockerten Stadt* und des *Organischen Städtebaus.*

Die Wiesbadener Stadtpolitik erhoffte sich deshalb von dem berühmten Architekten für die hessische Landeshauptstadt neue Impulse, und zwar in Richtung einer „modernen" Bebauung und einer autogerechten Stadt.

Verantwortlich zeichnete May zunächst für neue Siedlungen am Stadtrand; mit seinem Buch „Das neue Wiesbaden", das er 1963 veröffentlichte, legte er aber, wie es von der Stadt gewünscht worden war, Planungen und Ideen für eine Umgestaltung weiter Teile der Innenstadt vor:

Durch seinen Vorschlag, das Villengebiet östlich der Wilhelmstraße, in unmittelbarer Nähe von Kurhaus und Kurpark gelegen, abzureißen und durch moderne Bauten zu ersetzen, wäre die Stadt sicher am nachhaltigsten verändert worden. May sah Hochhäuser, Baublocks und Reihenhäuser vor. Zwi-

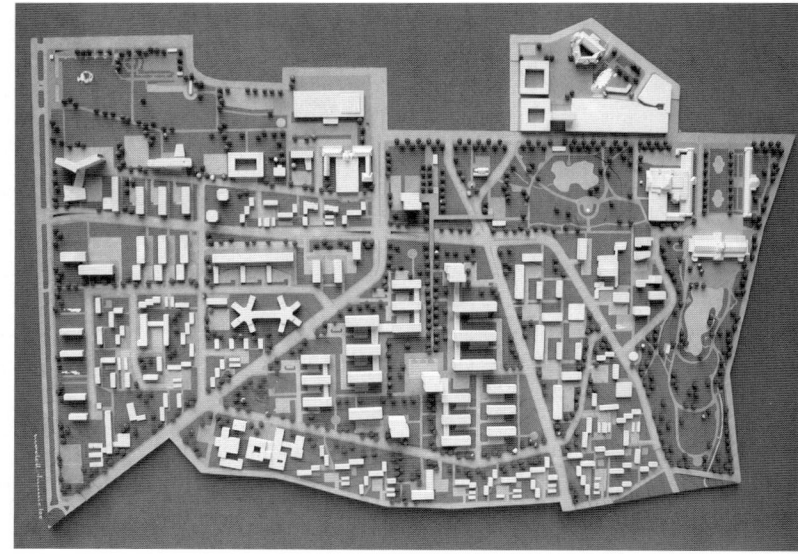

Ernst May plante einen Abriss der Villen des Bierstädter Hangs, um eine neue „City Ost" mit Solitärbauten entstehen zu lassen. Am rechten Bildrand sind das Kurhaus, das Theater und die Kolonnaden noch zu erkennen. Nahezu der gesamte Rest der Bebauung des 19. Jahrhundert wäre der Planierraupe zum Opfer gefallen. – Modell der City Ost, Inv. Nr. 110 Stadtmuseum Wiesbaden.

schen diesen wollte er autobahnartige, vierspurige Straßen anlegen, die den Verkehr schnell in und aus der Stadt bringen sollten. Gleichzeitig war außerdem geplant, eine solche Stadtautobahn auf Stelzen über den Kurpark zu führen. Sichtbarer hätte der Gegensatz von Bewahrern der Kurtradition und Anhängern der modernen Großstadt kaum aufeinandertreffen können! Von den May'schen Plänen für die Innenstadt ist – im Nachhinein muss man sagen: glücklicherweise – nur sehr wenig realisiert worden. Spätestens das Europäische Denkmalschutzjahr 1975 brachte bei zahlreichen Bürgerinnen und Bürgern eine Sensibilisierung für den Wert der historischen Bausubstanz. Die einzige Hochbrücke, die man gemäß den Planungen der 60er-Jahre realisiert hatte, sollte im Jahr 2001 wieder abgerissen werden.

Die Verlegung der Kur

Es war nicht weiter verwunderlich, dass Ende der 60er-Jahre auch das Kurwesen immer mehr zur Disposition gestellt wurde. Zumindest die Stadtverwaltung zeigte sich davon überzeugt, dass Wiesbaden als Großstadt gegenüber den reinen Kurstädten nicht konkurrenzfähig bleiben konnte, und dass, was die Gesellschaftskur im Allgemeinen betraf, sofern sie überhaupt noch Bestand haben konnte, mit dem gesellschaftlichen und kulturellen Leben der Stadt kaum noch zu punkten war. Während die Kurbetriebe zwar weiterhin das Image der Internationalen Kur- und Kongressstadt pflegten, machte das städtische Wirtschaftsdezernat gleichzeitig die Ansiedlung von Industrie zu ihrem erklärten Ziel.

Außerdem wurde nun seitens der Verwaltung nicht nur die Trennung in die Sparten Fremdenverkehr, Kongresswesen und Kurbetrieb gefordert, sondern es sollte Letzterer zu einem „klinischen Kurbetrieb" ausgebaut werden. Schließlich habe die Kur in den ersten Jahrzehnten nach Gründung der Bundesrepublik einen entscheidenden Wandel erfahren. Denn mittlerweile stand der gesundheitliche Aspekt ganz im Vordergrund. Die Rehabilitation eines Kranken erforderte in erster Linie medizinische Versorgung und außerdem Ruhe, nicht das hektische Treiben einer Großstadt. Inzwischen bestand die Mehrzahl der Genesung Suchenden nicht mehr wie früher aus reichen Ausländern und privaten Kurgästen, sondern aus Kassenpatienten. Für diese fehlte es aber an passenden Sanatorien. So reifte immer stärker die Idee einer Verlegung des gesamten gesundheitlichen Bereichs weg aus der Innenstadt an den Stadtrand.

Die Eröffnung der „Deutschen Klinik für Diagnostik" im Jahr 1970 läutete die neue Ära des Kurgebiets Aukammtal ein. Fünf Jahre später war zudem das in unmittelbarer Nachbarschaft gelegene Thermalbad betriebsbereit, das aus dem Wasser des Kochbrunnens und der Schützenhofquelle gespeist wird. Dieses aus der Innenstadt über ein eigenes Leitungssystem ins Aukammtal geleitete Wasser versorgt außerdem die zahlreich anderen der dort nach und nach entstandenen Sanatorien und Kliniken.

In jenen Jahren hatte Wiesbaden – im Zuge der bundesweiten Gebietsreform – noch einmal eine beträchtliche Ausdehnung und mithin Erhöhung seiner Einwohnerzahlen zu verzeichnen: Zum 1. Januar 1977 wurden sechs bis dahin selbstständige Dörfer der hessischen Landeshauptstadt eingemeindet. Aufgrund des Verwaltungsaktes sollte Wiesbaden nun über 270 000 Einwohner zählen.

So wie sich das Kurleben in Wiesbaden gewandelt hat, so auch dessen wirtschaftliche Struktur im Ganzen. Nicht zuletzt aufgrund des hohen Verwaltungsanteils als Landeshauptstadt entwickelte sich Wiesbaden in erster Linie zu einer Dienstleistungsstadt. Banken und Sparkassen – darunter die Nassauische Sparkasse als eine der größten und traditionsreichsten deutschen Sparkassen – und Versicherungen wie die R + V Versicherung oder die SV Sparkassenversicherung bestimmen heute weit eher das wirtschaftliche Bild der Stadt als das verarbeitende Gewerbe, dessen Industriestandorte am Rhein oft genug in „Industrieparks" für vielfältige Unternehmen umgewandelt worden sind. Es lässt sich mithin gut verfolgen, wie der Anteil der verarbeitenden Industrie in den letzten Jahrzehnten kontinuierlich zurückging und heute nur noch weniger als ein Drittel der Wiesbadener Wirtschaftsleistung ausmacht.

Kochbrunnen- und Kranzplatz im 20. Jahrhundert

Betrachtet man rückblickend die Entwicklung, die der Kochbrunnen- und der Kranzplatz im 20. Jahrhundert erfuhren, so lässt sich die Veränderung des Kurbetriebs in Wiesbaden deutlich ablesen. Wie wir bereits gesehen haben, hatte sich in den letzten Jahren des Kaiserreichs das alte Kurviertel zu einem Ort mit der höchsten Dichte an Grand-Hotels weltweit entwickelt, in dem die mondäne Welt des frühen 20. Jahrhunderts flanierte – um zu sehen und gesehen zu werden.

Bereits durch die Auswirkungen, die der Erste Weltkrieg mit sich brachte, sollte sich das alte Kurviertel als Ort der Kommunikation verändern, vor allem aber als in den Jahren der Weimarer Republik aufgrund Besatzung, Inflation und ausbleibenden reichen Kurgästen zahlreiche Hotels sich zur Schließung gezwungen sahen, war ein Umbau in Bürohäuser oder Wohnungen angesagt. Zwar wurde, wie bereits erwähnt, nach dem Zweiten Weltkrieg der Kurbetrieb in der nur leicht beschädigten Trinkhalle am Kochbrunnen wieder aufgenommen, doch spätestens mit der Verlegung des Kurzentrums ins Aukammtal, also an den Rand der Stadt, musste jedem Besucher deutlich werden, dass es mit den großen Zeiten der Wiesbadener Kur im Zentrum der Stadt vorbei war. Sinnfälligsten Ausdruck fand dieser Strukturwandel in dem nahezu kompletten Abriss der Trink- und Wandelhallen aus der Zeit des späten 19. Jahrhunderts.

In unmittelbarer Nähe befand sich das Palasthotel, das, nachdem es im Zweiten Weltkrieg als Lazarett genutzt worden war, von den Amerikanern beschlagnahmt und nach Freigabe zum Verwaltungssitz der Stadt gemacht wurde. 1975 entschloss man sich, die Immobilie einem massiven Eingriff zu unterziehen: Die großzügigen Fremdenzimmer des einstigen Grand-Hotels sollten nun in kleine Appartements umgewandelt werden, um als Ersatzwohnungen für ein angrenzendes Sanierungsgebiet zu dienen – sozialer Wohnungsbau hinter prächtigen Fassaden. Was für andere Städte eher als unvorstellbar gegolten hätte, hier in Wiesbaden war dergleichen keineswegs unüblich.

Doch letztlich wurde erst zu Beginn des neuen Jahrhunderts die Gesamtanlage von Kranzplatz und Kochbrunnen aus ihrem Dornröschenschlaf geweckt, als sich die Hessische Landesregierung nämlich dafür entschied, das zum Spekulationsobjekt heruntergekommene ehemalige Grand-Hotel „Rose" zur Staatskanzlei des Ministerpräsidenten umzubauen. Bisher hatten die hessischen Ministerpräsidenten eher bescheiden residiert und waren deshalb schon seit Jahren auf der Suche nach einem geeigneten Objekt gewesen, das in gleichem Maße als Büro wie als repräsentativer Rahmen für Empfänge fungieren könnte.

Mit dem Einzug der hohen Politik, im wahrsten Sinne des Wortes, hat der Platz also eine enorme Aufwertung erfahren und verändert seither weiterhin sein Gesicht. Ehemals das alte Kurviertel, jetzt das politische „Machtzentrum" des Bundeslandes Hessen. Man darf auf die weitere Entwicklung gespannt sein.

Stadt des Historismus

Als in den 20er-Jahren das Grand-Hotel „Alleesaal" an eine Großbank verkauft wurde, ließ diese vor dem Einzug den reichen Stuck, wie ihn der Wilhelminismus liebte, kurzerhand abschlagen. Der Bank, die in ihrer Erscheinung natürlich seriös wirken wollte, schien das Image der „Neuen Sachlichkeit" offenbar vertrauenerweckender zu sein als der, wie man es nun empfand, „bombastische" Neobarock. Auch durch den Zweiten Weltkrieg bedingt, noch stärker vielleicht sogar durch die Architekten und Stadtplaner der 50er- bis 70er-Jahre – Ernst May ist in Wiesbaden dabei sicher nur prominentestes Beispiel für diese distanzierte, ja ablehnende Haltung – wurden ebenfalls zahlreiche Gebäude des 19. Jahrhunderts rücksichtslos abgerissen oder beim Umbau ihres Schmuckes beraubt.

Umso bemerkenswerter ist eine Entwicklung, die zu Beginn des 21. Jahrhunderts einsetzte: die Um- bzw. Aufwertung des Historismus als Baustil des 19. Jahrhunderts. 2005 stand das 150-jährige Jubiläum der Russischen Kirche auf dem Neroberg – sie ist ein grandioses Beispiel des so genannten Romantischen Historismus – im Zentrum stadtweiter kultureller Aktivitäten; 2006 war es die 200. Wiederkehr der Gründung des Herzogtums Nassau, die zur Beschäftigung sowohl mit der Geschichte als auch der Architektur dieser Periode in Wiesbaden anregte. Dass das Jahr 2007 schließlich zum „Jahr des Historismus" ausgerufen wurde, war vor allem das Verdienst des ehemaligen Landeskonservators in Hessen und langjährigen Vorsitzenden der Deutschen Stiftung Denkmalschutz, Gottfried Kiesow. In einem Maße, wie es noch zwanzig Jahre zuvor kaum vorstellbar gewesen wäre, interessierten sich auf einmal die Bürgerinnen und Bürger der Stadt für die unterschiedlichen Ausformungen der historistischen Epoche des 19. Jahrhunderts. Außerdem dürfte

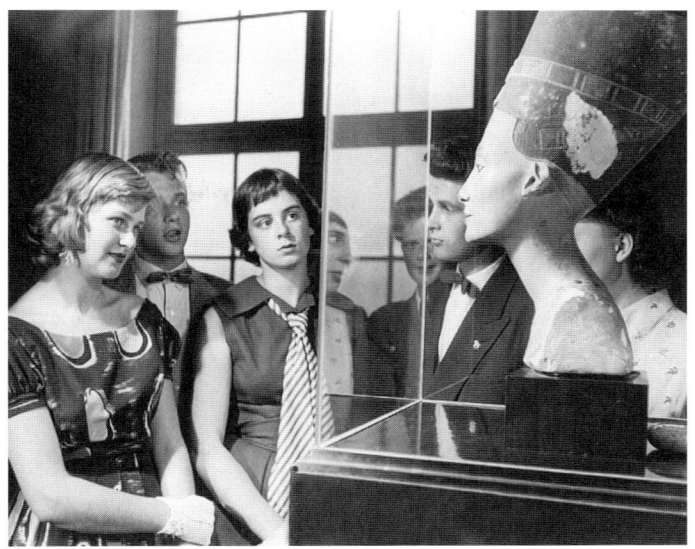

Da das Wiesbadener Museum nach dem Zweiten Weltkrieg nahezu unzerstört war, wurde es von den Amerikanern als einer der „Collecting Points" für die zerstreuten Kunstwerke der deutschen Museen ausgewählt. So kam es, dass die Wiesbadener Bevölkerung auf einmal Kunstwerke wie die Büste der Nofretete zu sehen bekam. – Foto: Dr. Paul Wolff u. Tritschler OHG, Frankfurt; o. J.

die Feier des 100-jährigen Jubiläums des Kurhauses im Jahr 2007 zu diesem Interesse beigetragen haben. Wie nur wenige Städte in Deutschland könne Wiesbaden heute noch als Gesamtkunstwerk des Historismus gelten – so die einhellige These, die die Fachwelt ebenso wie die Wiesbadener zum Abschluss des „Historismus-Jahres" formulierten. Folglich entwickelten sie die Idee, Wiesbaden möge sich doch als „Stadt des Historismus" bei der UNESCO als „Weltkultur-erbe-Stadt" bewerben. Die nächsten Jahre werden zeigen, ob die Bewerbung Früchte trägt.

Auch bei einigen der Partnerstädte Wiesbadens fiel die Besonderheit der Stadtgestalt (Kur- bzw. Badestadt oder städtebaulich herausragendes Stadtbild) ins Auge und war sicher ein entscheidendes Auswahlkriterium bei der Unterzeichnung von Partnerschaftsverträgen: So bei Montreux (seit 1953), Gent (seit 1969), Ljubljana (1977), San Sebastian (seit 1981), Breslau (seit 1987), Tunbridge Wells (seit 1989) oder Görlitz (seit 1990). Insgesamt unterhält Wiesbaden mittlerweile nicht weniger als 12 Partnerschaften, darunter die älteste der Welt überhaupt: Bereits seit 1930 besteht die Städtepartnerschaft mit Klagenfurt.

Wiesbadens Museen

Wiesbaden steht als „Museumslandschaft" ohne Frage im Schatten der historischen Residenzstädte Kassel und Darmstadt mit ihren fürstlichen Sammlungen sowie der in der Tradition der Freien Reichsstadt stehenden Stadt Frankfurt mit ihren bürgerlichen Stiftungen. Gleichwohl gab es in Wiesbaden eine ins frühe 19. Jahrhundert zurückreichende bürgerliche Sammlungstätigkeit der nassauischen Vereine für Altertumskunde und Geschichtsforschung sowie für Naturkunde und des Nassauischen Kunstvereins. Erster Standort der Sammlungen aller drei Vereine war das ehemalige Erbprinzenpalais an der Wilhelmstraße, dem heutigen Sitz der Industrie- und Handelskammer. Mit Beginn des 20. Jahrhunderts ging das „Museum" in städtische Verwaltung über, von 1913 bis 1915 entstand dafür sogar ein repräsentativer Neubau. Eine kolossale Aufwertung der Bestände erfuhr das Haus nach dem Zweiten Weltkrieg dadurch, dass es zum „Central Collecting Point" der Amerikaner bestimmt wurde. Viele bedeutende Kunstschätze, darunter die „Nofretete" oder Rembrandts „Mann mit dem Goldhelm" waren in der Nachkriegszeit, das heißt bis zur endgültigen Rückgabe an die jeweiligen Häuser, hier zu bewundern.

Im Jahre 1973 wurde das städtische Museum in die Trägerschaft des Landes Hessen überführt. Mitte der 80er-Jahre begannen schließlich erste Ideen zu reifen, in Wiesbaden ein eigenes Stadtmuseum einzurichten, seit 2001 existiert dafür ein eigenes Planungsteam. Neben einem Museum für Naturkunde und einer Gemäldegalerie soll der Kultur- wie der politischen Geschichte Wiesbadens und Nassaus ein eigenes Haus gewidmet werden. Nach zehn Jahren intensiver Planung lässt ein Neubau allerdings weiter auf sich warten. Parallel dazu haben sich aber zahlreiche Themenmuseen und Heimatmuseen etabliert – darunter in vorderster Reihe das „frauen museum wiesbaden" (seit 1984) und das „Aktive Museum Spiegelgasse für deutsch-jüdische Geschichte" (seit 1999).

Wiesbaden in der Region Rhein-Main

Wer sich dem Rhein-Main-Gebiet vom Flugzeug aus nähert, sieht am westlichen Rand der Region die Ansiedlung einer knappen halben Million Menschen, geteilt durch einen großen Fluss, den Rhein. Was von Ferne wie eine Großstadt aussieht, sind in Wirklichkeit die beiden Landeshauptstädte Wiesbaden und Mainz, die, wie oft genug bei eng aneinander liegenden Städten, in einer nicht ganz ernst zu nehmenden Hassliebe miteinander verbunden sind: *Wo hört der Spaß auf und wo fängt der Wahnsinn an?* fragen während der Fastnachtstage die Karnevalsvereine der Stadt und beantworten die Frage regelmäßig mit *Mitten auf der Brücke zwischen Mainz und Wiesbaden* – nur auf die Blickrichtung kommt es an.

Während im gesamten Mittelalter und in der frühen Neuzeit der Stern des Goldenen Mainz hell strahlte – als Erzbischofssitz, Residenz des ersten Kurfürsten und Erzkanzlers des Reiches –, begann um 1800 dessen Niedergang, eben just zu dem Zeitpunkt, als auf der rechten Rheinseite in der neuen nassauischen Hauptstadt Wiesbaden die glanzvolle Entwicklung zur Weltkurstadt des 19. Jahrhunderts einsetzen sollte. Ist es also der Neid der Wiesbadener auf die große Geschichte und Vergangenheit der Nachbarstadt oder ist es ein Minderwertigkeitskomplex der Mainzer, die in dem zur hessen-darmstädtischen Provinzhauptstadt degradierten Mainz seit dem beginnenden 19. Jahrhundert den glanzvollen Aufstieg Wiesbadens erleben mussten?

In nächster Nachbarschaft zu Wiesbaden liegen mit dem Main-Taunus- und dem Hochtaunuskreis die beiden finanzstärksten Landkreise Hessens und mit der Stadt Frankfurt eine zwar an Einwohnern kleine, aber an Finanz- und Wirtschaftskraft dafür umso bedeutendere europäische Metropole. Innerhalb dieser polyzentrischen Region Rhein-Main hat Wiesbaden durch seine Funktion als Landeshauptstadt einen gewichtigen Part. Alle Zeichen deuten jedoch daraufhin, dass es in Zukunft weniger allein um die eigene Bedeutung gehen wird, als vielmehr um die Frage, wie man sich durch eine enge Zusammenarbeit in der Region auf Politik-,

Luftbild Wiesbadens: oben der Neroberg mit Russischer Kirche; Mitte (v. l.): Rathaus, Landtag Hessen im Stadtschloss sowie Marktkirche, Wilhelmstraße mit Kuranlage „Warmer Damm", Staatstheater und Kurhaus.

Kultur- und Verwaltungsebene in einem Europa der Regionen positionieren kann.

Wiesbaden hat im Laufe seiner jahrtausendealten Geschichte viele Niederlagen erleben müssen. Wie ein Phönix hat es sich, wenn man so will, immer wieder aus der Asche erhoben, im 19. Jahrhundert zu einem glanzvollen Flug angesetzt, der die Welt staunen machte und eine große Hypothek hinterließ. Aus den Krisen des 20. Jahrhunderts war Wiesbaden eher gestärkt hervor gegangen. Nun mit dem Titel einer „Hauptstadt" versehen, braucht es uns nicht bange zu sein vor der Zukunft dieser Stadt.

Zeittafel

6–16 n. Chr.	Germanenkriege des Germanicus
40–50	Ein erstes Lager aus Holz entsteht, das 69 wieder zerstört wird
Um 80	Ein neues Lager, nun aus Stein, wird errichtet
Um 90	Bau der Thermen am Kranzplatz
122	Erste Erwähnung von *Aquae Mattiacorum*
212	Weihe eines Versammlungshauses (schola) einer Kaufmannszunft
368	Letzte Erwähnung Wiesbadens als *Mattiatici* in der römischen Geschichtsschreibung
Um 370	Bau der Heidenmauer
828/829	Einhard, der Biograf Karls des Großen berichtet von Aufenthalten in „Wisibada"; frühester Beleg für „Wiesbaden"
965	Besuch König Ottos I., vermutlich zur Weihe des 2. Baues der Mauritiuskirche
Um 1170/1180	Belehnung der Grafen von Nassau mit den Reichsrechten in und um Wiesbaden (Kirchenpatronat, Königshof)
Um 1207/1209	Ersterwähnung der Burg
Um 1232	Erhebung zur Reichsstadt
1232	Erstmals seit der Antike Wiedererwähnung von heißen Quellen im Zusammenhang mit dem Heiligsprechungsprozess für Elisabeth von Thüringen
1236	Pfingstaufenthalt Friedrichs II. von Hohenstaufen in Wiesbaden
1242	Zerstörung der Reichsstadt
Um 1277/1278	Wiesbaden fällt endgültig an Nassau
1298	Gründung von Kloster Klarenthal durch König Adolf von Nassau
Anfang 14. Jh.	Einführung des ersten Stadtsiegels
Um 1329/1330	Gotischer Bau der Mauritiuskirche
1329	Münzprivileg König Ludwigs des Bayern an Nassau für Wiesbaden
1366	Ersterwähnung des Kochbrunnens
15. Jh.	Zahlreiche Badeaufenthalte Kaiser Friedrichs III.
Um 1480	Bericht des Nürnberger Meistersingers Hans Folz über die Wiesbadener Bäder

1494	Konrad Celtis berichtet über eine Badekur in Wiesbaden
1525	Bauernkrieg
1525/1526	Anlegung des Weinbergs am Neroberg
1543	Einführung der Reformation; Einrichtung einer Latein-schule
1547	Der große Stadtbrand
1610	Bau des Rathauses
1618–1648	Dreißigjähriger Krieg, schwere Verwüstungen in Wies-baden
Ab 1690	Gezielte Ansiedelungspolitik unter Fürst Georg August Samuel
1702–1744	Bau von Schloss Biebrich
1744	Fürst Karl verlegt die Residenz von Usingen nach Bieb-rich, Wiesbaden wird Verwaltungssitz für das Fürsten-tum Nassau-Usingen
1806	Wiesbaden wird Hauptstadt des neuen Herzogtums Nassau
1807–1810	Bau des neuen Kurhauses durch Christian Zais
1816	Tod Herzog Friedrichs August; Wilhelm von Nassau-Weilburg wird neuer Herzog in Nassau
1827	Bau des neuen Hoftheaters
1834	Anton Chabert erhält das Monopol für das Glücksspiel im Herzogtum Nassau
1837–1841	Bau des Stadtschlosses nach Plänen des Architekten Georg Moller
1839	Plötzlicher Tod des Herzogs Wilhelm; sein Sohn Adolph übernimmt die Regierung
1840	Die Taunusbahn von Frankfurt nach Wiesbaden nimmt ihren Verkehr auf
1844–1849	Bau der katholischen Bonifatiuskirche durch Archi-tekt Philipp Hoffmann
1845	Tod der Herzogin Elisabeth, Großfürstin von Russ-land, im Kindbett. Philipp Hoffmann wird beauftragt, für sie eine Grabkapelle im russischen Stil zu errichten (Einweihung 1855)
1848	Revolutionsunruhen in Wiesbaden
1850	Brand der evangelischen Pfarrkirche St. Mauritius
1853–1862	Der Architekt Carl Boos wird beauftragt, am Markt eine neue evangelische Kirche zu errichten
1855–1857	Eine hohe gusseiserne Wandelhalle entsteht am Koch-brunnen

1862–1871	Dostojewski ist zwischen 1862 und 1871 häufiger Besucher der Wiesbadener Spielbank
1866	Wiesbaden wird in der Folge des an der österreichischen Seite verlorenen Krieges gegen Preußen durch dessen Truppen besetzt.
1867	Wiesbaden wird Hauptstadt des Regierungsbezirks Wiesbaden der preußischen Provinz Hessen-Nassau
1882	Erste Tagung der Deutschen Gesellschaft für Innere Medizin. Bis heute tagt der „Internisten-Kongress" jährlich in Wiesbaden
1884–1887	Bau des neuen Rathauses durch den Münchner Architekten Dr. Georg Ritter von Hauberrisser
1888	Inbetriebnahme der Nerobergbahn
1890	Die neuen Kuranlagen am Kranzplatz sind vollendet
1892–1894	Bau des neuen Theaters durch die Wiener Architekten Hellmer und Fellner
1894	Erster offizieller Besuch Kaiser Wilhelms II. in Wiesbaden
1894	Einweihung der gemäß des „Wiesbadener Programms" durch den Berliner Architekten Johannes Otzen erbauten protestantischen Ringkirche
1896	Mit den Kaiserfestspielen, die vom 6.–19. Mai im Wiesbadener Theater stattfinden, wird die Tradition der Maifestspiele begründet
Um 1900	Die Weltkurstadt Wiesbaden erlebt ihren Höhepunkt: zahlreiche Hotels „allerersten Ranges" entstehen neu oder werden modernisiert (Nassauer Hof; Hotel Rose; Palasthotel; Hotel Alleesaal)
1906	Der neue Bahnhof wird dem Verkehr übergeben
1907	Einweihung des neuen Kurhauses. Das alte Kurhaus war 1904 abgerissen worden und an seiner Stelle das heutige neue Kurhaus durch den Münchner Architekten Friedrich von Thiersch erbaut.
1910	In Erbenheim wird die Galopprennbahn eröffnet
1918	In der Folge des verlorenen Weltkriegs wird Wiesbaden von französischen Truppen besetzt (bis 1925, dann werden die Engländer für weitere fünf Jahre Besatzungsmacht)
1926	Durch die Eingemeindung mehrerer Städte und Gemeinden nach Wiesbaden, darunter die rund 20 000 Einwohner umfassende Industriestadt Biebrich, Schierstein

	und Sonnenberg, erhofft sich Wiesbaden die Lösung wirtschaftlicher Strukturprobleme
1930	Präsident Hindenburg feiert in Wiesbaden den Abzug der Besatzungsmächte aus den Rheinlanden.
1938	Zerstörung der 1869 durch Philipp Hoffmann erbauten Synagoge in der Pogromnacht vom 9. auf den 10. November
1940–1944	Die deutsch-französische Waffenstillstandskommissin tagt in Wiesbaden
1945	Am 2. Februar erfolgt die Bombardierung Wiesbadens. Aufgrund der schlechten Sichtverhältnisse landen viele Bomben in den Taunuswäldern. Wiesbaden wird nur teilzerstört
1945	Am 28. März endet mit dem Einmarsch der amerikanischen Truppen für Wiesbaden der Zweite Weltkrieg und die nationalsozialistische Diktatur
1945	Am 2. Oktober gibt der Chef der Militärregierung bekannt, dass Wiesbaden als Hauptstadt der neuen Provinz Groß-Hessen auserkoren wurde
1948/1949	Von Wiesbaden aus wird die Luftbrücke für Berlin logistisch gesteuert.
1949	Wiedererrichtung einer Spielbank – zunächst im Theater, ab 1956 dann im Kurhaus
1950	Die ersten „Internationalen Festspiele Wiesbaden" lassen die Tradition der Maifestspiele wieder aufleben
1953	Das Bundeskriminalamt wird in Wiesbaden angesiedelt
1956	Das Statistische Bundesamt zieht an den Gustav-Stresemann-Ring
1957	Einweihung der Rhein-Main-Halle
1962	Der hessische Landtag bezieht seinen neuen Plenarsaal im Stadtschloss
1963	Ernst May wird mit Neuplanungen der Innenstadt und neuen Großsiedlungen beauftragt
1963	John F. Kennedy besucht Wiesbaden
1965	Queen Elizabeth II. besucht Wiesbaden
1971	Gründung der Fachhochschule Wiesbaden
1976	Einweihung des neuen Thermalbads im neuen Kurgebiet im Aukammtal
1976	Endgültige Abkehr von den May'schen Planungen und Hinwendung zu Sanierung und Denkmalschutz
1977	Eingemeindung von Auringen, Breckenheim, Delkenheim, Medenbach, Naurod und Nordenstadt

1978	Das Theatrium/Wilhelmstraßenfest wird ins Leben gerufen
1982	Die neue städtische Klinik, die Horst-Schmidt-Klinik, als Jahrhundertbauwerk gerühmt, wird bezogen
1991	Die Stadt Wiesbaden stiftet den Alexej-von-Jawlensky-Preis
1993	Die amerikanischen Streitkräfte ziehen sich aus Camp Lindsey und Camp Pieri zurück
1994	Besuch des ehem. Staatspräsidenten der UdSSR, Michael Gorbatschow, in Wiesbaden
2004	Die hessische Staatskanzlei zieht in das frühere Grandhotel „Rose"
2005	Wiesbaden bewirbt sich um Aufnahme in die Liste des UNESCO-Weltkulturerbes
2010	Mit der Errichtung einer juristischen Fakultät an der European Business School wird Wiesbaden Universitätsstadt

Grafen, Fürsten und Herzöge von Nassau

(soweit sie Regenten über Wiesbaden waren; in Klammern die Regierungsdaten)

Grafen

Ruprecht III. (1158–1191) erhielt von Kaiser Friedrich Barbarossa um 1170/80 das Reichslehen Wiesbaden

Hermann (1191–1192)

Walram I. (1192–1198),

Heinrich II. der Reiche (1198–1251) bis 1230 mit seinem Bruder Ruprecht IV.

Walram II. (1255–1277), regierte ab 1251 mit seinem Bruder Otto gemeinsam, dann beschließen sie eine Teilung der Lande

Adolf (1277–1298), ab 1292 dt. König

Ruprecht V. (1298–1305)

Gerlach I. (1305–1361)

Adolf I. (1346 –1370) bis 1355 gemeinsam mit seinem Bruder Johann I. (1346–1355)

Walram IV. (1370–1393)

Adolf II. (1393–1426)

Johann (1426, volljährig 1438–1480)

Adolf III. (1480–1511) bis 1509 gemeinsam mit seinem Bruder Philipp I. (1480–1509)

Philipp der Ältere (1509–1558)

Philipp der Jüngere (1558–1566)

Balthasar (1566–1568)

Johann Ludwig I. (1568–1596)

Johann Ludwig II. (1596–1605)

Ludwig II. (1605–1627)

Johann (1627–1677)

Fürsten

Georg August Samuel (1665–1721), seit 1688 Fürst

Friedrich Ludwig (1721–1728)

Karl (1718–1775)

Karl Wilhelm (1775–1803)

Herzöge

Friedrich August (1803–1816), seit 1806 Herzog von Nassau

Wilhelm (1816–1839)

Adolph (1839–1866)

Oberbürgermeister der Stadt Wiesbaden

1883–1913	Carl Bernhard von Ibell
1913–1919	Karl Glässing
1919–1929	Fritz Travers (DVP)
1930–1933	Georg Krücke (DVP)
1933–1937	Alfred Schulte (NSDAP)
1937–1945	Erich Mix (NSDAP)
1945–1946	Georg Krücke (FDP)
1946–1953	Heinrich Redlhammer (CDU)
1954–1960	Erich Mix (FDP)
1960–1968	Georg Buch (SPD)
1968–1980	Rudi Schmitt (SPD)
1980–1982	Georg-Berndt Oschatz (CDU)
1982–1985	Hans Joachim Jentsch (CDU)
1985–1997	Achim Exner (SPD)
1997–2007	Hildebrand Diehl (CDU)
Seit 2007	Dr. Helmut Müller (CDU)

Literaturauswahl

Blisch, Bernd u. a.: Russische Beziehungen zu Wiesbaden und Darmstadt: Beiträge aus Anlass des 150-jährigen Jubiläums der Russischen Kirche in Wiesbaden im Jahr 2005. Wiesbaden 2007.

Bubner, Berthold: Wiesbaden. Baukunst und historische Entwicklung. Wiesbaden 1983.

Czysz, Walter: Wiesbaden in der Römerzeit. Stuttgart 1994.

Czysz, Walter: Vom Römerbad zur Weltkurstadt. Geschichte der Wiesbadener heißen Quellen und Bäder. Wiesbaden 2000.

Dollwet, Jochen (Bearb.): „Wer an seinem Schöpfer sündiget..." Ludwig Friedrich Christoph Schmid über seinen Kuraufenthalt 1765 in Wiesbaden. Wiesbaden 1994 (= Schriften des Stadtarchivs Wiesbaden, Bd. 3)

Even, Pierre: Dynastie Luxemburg-Nassau. Von den Grafen zu Nassau zu den Großherzögen von Luxemburg. Eine neunhundertjährige Herrschergeschichte in einhundert Biographien. Luxemburg 2000.

Fuhs, Burkhard: Mondäne Orte einer vornehmen Gesellschaft. Hildesheim 1992.

Gerber, Manfred: Das Kurhaus Wiesbaden. Kaleidoskop eines Jahrhunderts. Bonn 2007.

Giese, Torben: Moderne städtische Imagepolitik in Frankfurt am Main, Wiesbaden und Offenbach. Frankfurt/Main 2010.

Glaser, Heike: Demokratischer Neubeginn in Wiesbaden. Aspekte des sozialen, wirtschaftlichen und politischen Wiederaufbaus nach 1945. 2. Aufl. Wiesbaden 1995.

Herzogtum Nassau 1806–1866. Politik, Wirtschaft, Kultur. Ausstellungskatalog. Wiesbaden 1981.

Kiesow, Gottfried: Das verkannte Jahrhundert. Der Historismus am Beispiel Wiesbaden. Bonn 2005.

Kopp, Klaus: Dotzheim – ein „elendes Nest"?. Irrungen und Wirrungen der Wiesbadener Eingemeindungspolitik während der Zwanzigerjahre. Wiesbaden 2003.

Kur- und Verkehrsverein e. V. (Hg.): Von Biebrich nach Wiesbaden. Köln und Wiesbaden 1998.

Mattiaca, Gesellschaft zur Pflege von Dialekt und Stadtgeschichte Wiesbaden (Hg.): Zeitzeugen. Wiesbadener Häuser erzählen ihre Geschichte, Bde. 1–4. Wiesbaden 1996–2007.

Müller-Werth, Herbert: Geschichte und Kommunalpolitik der Stadt Wiesbaden. Unter besonderer Berücksichtigung der letzten 150 Jahre. Wiesbaden 1963.

Napoleon und Nassau. 200 Jahre Herzogtum Nassau. Ausstellungkatalog. Hg. von Georg Schmidt von Rhein. Ramstein 2006.

Niedenthal, Erhard: 225 Jahre Spielbank Wiesbaden. Wiesbaden 1996.

Renkhoff, Otto: Nassauische Biographie. Wiesbaden 1992.

Renkhoff, Otto: Wiesbaden im Mittelalter. Wiesbaden 1980.

Riedle, Peter Joachim (Hg.): Wiesbaden und der 20. Juli 1944. Wiesbaden 1996.

Russ, Sigrid: Kulturdenkmäler in Hessen. Wiesbaden I – Die Innenstadt. 2 Bde. Stuttgart 2006.

Russ, Sigrid: Kulturdenkmaler in Hessen. Wiesbaden II – Die Villengebiete. Braunschweig/Wiesbaden 1988.

Schoppa, Helmut: Aquae Mattiacae – Wiesbadens römische und alamannisch-merowingische Vergangenheit. Wiesbaden 1974.

Schaller, Detlef u. Schreeb, Hans Dieter: Kaiserzeit. Wiesbaden und seine Hotels in der Belle Époque. Wiesbaden 2006.

Schüler, Winfried: Das Herzogtum Nassau 1806–1866. Deutsche Geschichte im Kleinformat. Wiesbaden 2006.

Struck, Wolf-Heino: Wiesbaden im Biedermeier. Wiesbaden 1981.

Struck, Wolf-Heino: Wiesbaden in der Goethezeit. Wiesbaden 1979.

Verein für nass. Altertumskunde und Geschichtsforschung (Hg.): 200 000 Jahre Kultur und Geschichte in Nassau, dargestellt an Objekten der Sammlung Nassauischer Altertümer des Museums Wiesbaden. Wiesbaden 1993.

Weichel, Thomas: Die Bürger von Wiesbaden. Von der Landstadt zur „Weltkurstadt" 1786–1914. München 1997.

Weichel, Thomas: „Wenn dann der Kaiser nicht mehr kommt ..." Kommunalpolitik und Arbeiterbewegung in Wiesbaden 1890–1914. Wiesbaden 1991.

Weichel, Thomas: Wiesbaden im Bombenkrieg 1941–1945. Gudensberg-Gleichen 2004.

Internetadressen

Landeseinrichtungen:
www.hauptstaatsarchiv.hessen.de
www.denkmalpflege-hessen.de
www.museum-wiesbaden.de

Städtische Einrichtungen:
www.wiesbaden.de
www.wiesbaden.de/stadtarchiv
www.wiesbaden.de/stadtmuseum

Weitere Museen und historische Vereine:
Verein für Nassauische Altertumskunde und Geschichtsforschung
www.nassauischer-altertums-verein.de
Aktives Museum Spiegelgasse für deutsch-jüdische Geschichte in Wiesbaden e.V.:
www.am-spiegelgasse.de

www.frauenmuseum-wiesbaden.de
Mattiaca – Gesellschaft zur Pflege der Stadtgeschichte Wiesbadens e.V.:
www.Mattiaca-wiesbaden.de

Stadtteilmuseen mit eigener Homepage:
Museum Castellum:
www.museum-castellum.de
Dotzheimer Heimatmuseum:
www.hv-dotzheim.de
Heimatmueum Medenbach:
www.heimatvereinmedenbach.de
Heimatmuseum Nordenstadt:
www.historische-werkstatt-nordenstadt.de

Ortsregister (Wiesbaden)

Ortsregister (allgemein)

Personenregister

Bildnachweis

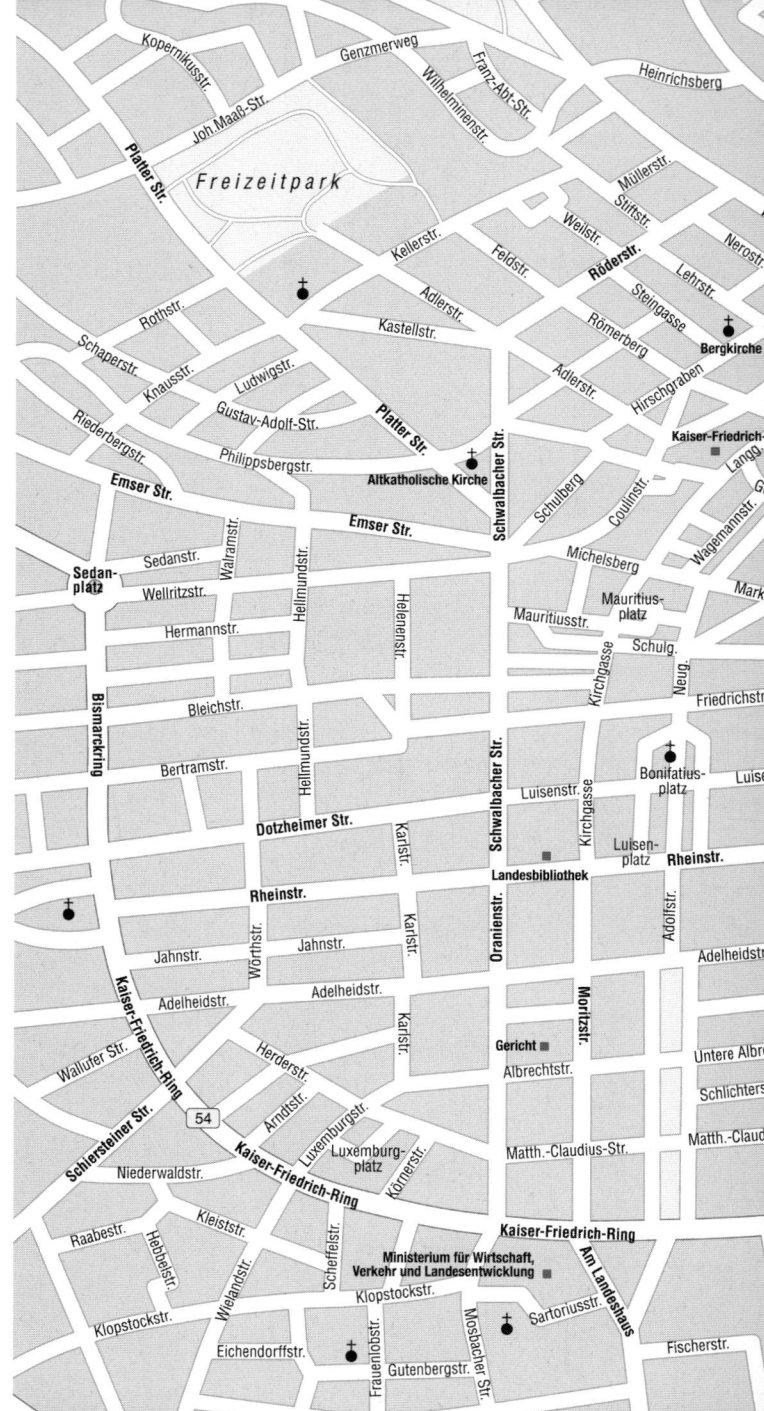

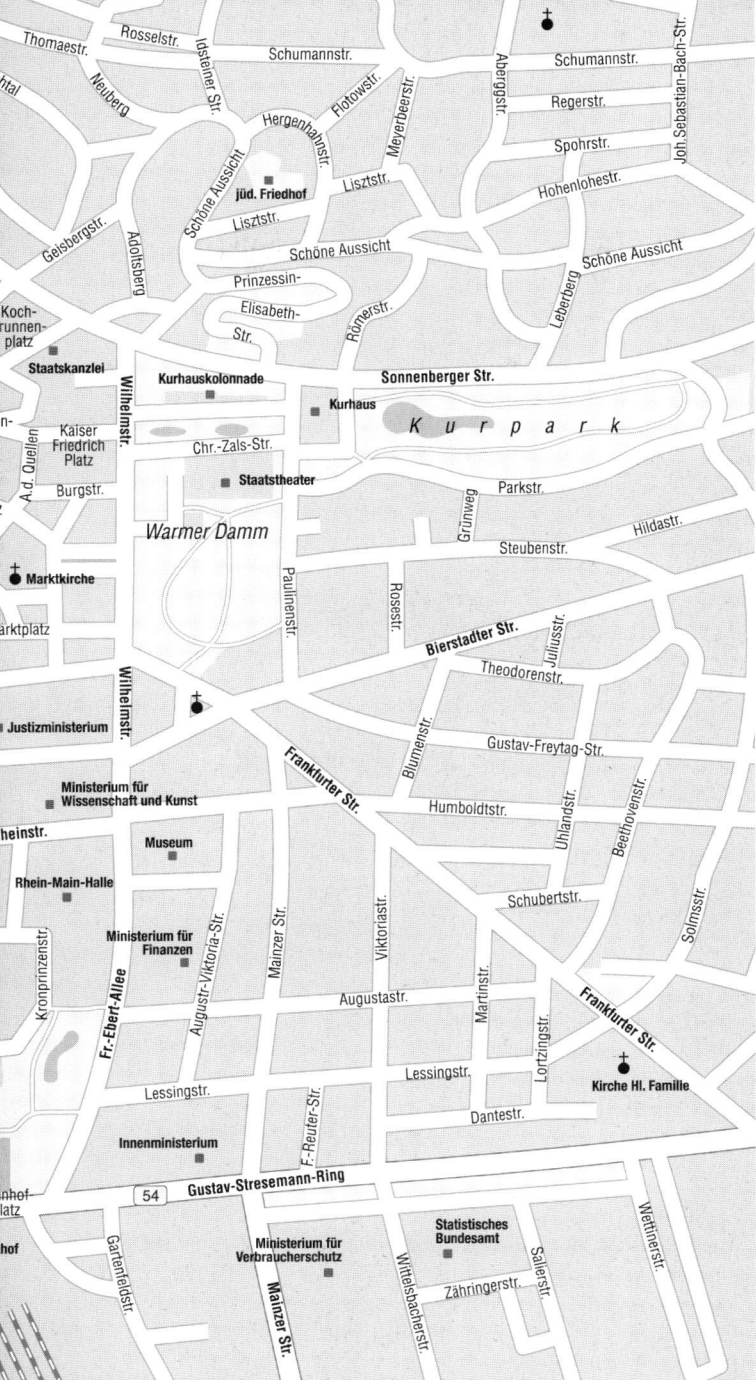

Thomaestr.
Rosselstr.
Schumannstr.
Schumannstr.
Neuberg
Idsteiner Str.
Flotowstr.
Meyerbeerstr.
Aberggstr.
Regerstr.
Joh. Sebastian-Bach-Str.
Hergenhahnstr.
Spohrstr.
Schöne Aussicht
Lisztstr.
Hohenlohestr.
jüd. Friedhof
Geisbergstr.
Adolfsberg
Lisztstr.
Schöne Aussicht
Schöne Aussicht
Prinzessin-
Römerstr.
Leberberg
Elisabeth-
Str.
Koch-
brunnen-
platz
Staatskanzlei
Kurhauskolonnade
Sonnenberger Str.
Wilhelmstr.
Kurhaus
K u r p a r k
A.d. Quellen
Kaiser
Friedrich
Platz
Chr.-Zals-Str.
Parkstr.
Burgstr.
Staatstheater
Grünweg
Hildastr.
Warmer Damm
Steubenstr.
Paulinenstr.
Rosestr.
Marktkirche
arktplatz
Bierstadter Str.
Juliusstr.
Theodorenstr.
Wilhelmstr.
Justizministerium
Blumenstr.
Gustav-Freytag-Str.
Frankfurter Str.
Ministerium für
Wissenschaft und Kunst
Humboldtstr.
Uhlandstr.
Beethovenstr.
heinstr.
Museum
Rhein-Main-Halle
Viktoriastr.
Schubertstr.
Solmsstr.
Kronprinzenstr.
Ministerium für
Finanzen
Augustr.-Viktoria-Str.
Mainzer Str.
Martinstr.
Frankfurter Str.
Fr.-Ebert-Allee
Augustastr.
Lortzingstr.
Lessingstr.
Kirche Hl. Familie
Lessingstr.
F.-Reuter-Str.
Dantestr.
Innenministerium
nhof-
latz
54
Gustav-Stresemann-Ring
hof
Gartenfeldstr.
Ministerium für
Verbraucherschutz
Statistisches
Bundesamt
Wittelsbacherstr.
Salierstr.
Wettinerstr.
Mainzer Str.
Zähringerstr.

Der Limes:
Welterbe der UNESCO

Margot Klee
Der Römische Limes in Hessen
Geschichte und Schauplätze des
UNESCO-Welterbes

Herausgegeben von der Archäologischen
und Paläontologischen Denkmalpflege.
Landesamt für Denkmalpflege Hessen

232 Seiten, 166 z.T. farbige Abb.,
9 Wander-, 1 Übersichtskarte, Hardcover
ISBN 978-3-7917-2232-0

In dem reich illustrierten Band erfährt der Leser alles Wichtige über
die Geschichte und Funktion des römischen Limes in Hessen. Kern-
stück des Buches ist ein aktueller Wanderführer, der dazu anregt,
den im Taunus und im Odenwald auf weiten Strecken hervorra-
gend erhaltenen Pfahlgraben mit seinen zahlreichen Wachttürmen
und Kastellen einmal selbst zu erkunden. Hinweise auf weitere
Orte mit römischen Hinterlassenschaften, die zwar nicht direkt am
Limes liegen, aber deren Besuch ebenfalls empfehlenswert ist,
sowie auf Museen und archäologische Parks runden das gut ge-
schriebene Werk ab.

Verlag Friedrich Pustet www.verlag-pustet.de